Thomas May

Erfahrungen des Zusammenhangs
zwischen göttlicher Liebe und menschlichem Leiden

*Eine biographische und theologische Befragung
der heiligen Therese von Lisieux*

Erfahrungen des Zusammenhangs zwischen göttlicher Liebe und menschlichem Leiden

Eine biographische und theologische Befragung der heiligen Therese von Lisieux

Für Renate Vetter

Bibliografische Information der Deutschen Nationalbibliothek:
Die Deutsche Nationalbibliothek verzeichnet diese Publikation in der
Deutschen Nationalbibliografie; detaillierte bibliografische Daten sind
im Internet über http://dnb.dnb.de abrufbar.

© 2016 Thomas May
Herstellung und Verlag:
BoD – Books on Demand, Norderstedt

ISBN: 978-3-7412-5291-4

Vorwort

Mein Bruder hat diesen Sommer meine Diplomarbeit entdeckt und verschlungen. "Die musst du auf jeden Fall veröffentlichen," war seine Antwort. Dieser Bitte bin ich gerne nachgekommen. So habe ich die Ferien dazu genutzt, das Buch zu setzen, es leicht zu überarbeiten und es der neuen Rechtschreibung anzupassen.

Die eigene Lektüre hat meine Liebe zur "kleinen Therese" neu entfacht und mir den Blick wieder geschärft. Es geht nicht um Leistung, sondern um Liebe. Auch in der Situation, in der die Kirche sich heute befindet, gibt Therese wegweisende Antworten. Nicht die Strukturen sind das Entscheidende, sondern die gelebte Liebe. Gott will durch den Menschen den Menschen lieben. Gott hat keine anderen Hände als die unseren. Also packen wir es an! Folgen wir dem Beispiel der heiligen Therese und machen ernst mit der Liebe. Dazu soll dieses Buch Mut machen und jeden, der es liest, auf dem kleinen Weg stärken.

Dormagen im August 2016
Thomas May

Einleitung   *8*

Biographische Einführung   *10*

I. Teil Historische Entwicklung   *13*

A. Kindheit   **13**
- 1. Die erste Begegnung mit dem Leiden   13
- 2. Tod der Mutter   14

B. Schulzeit   **16**
- 1. Pauline tritt in den Karmel ein   16
- 2. Die Erstkommunion   18
- 3. „Nachfolge Christi"   20
- 4. Skrupel   23
- 5. Die Weihnachtsgnade   25
- 6. Pranzini   26
- 7. Die Reise nach Rom   29

C. Im Karmel   **30**
- 1. Krankheit des Vaters   31
- 2. Trockenheit   33
- 3. Das Heilige Antlitz   36
- 4. Weihe an die Barmherzige Liebe   37
- 5. Die Glaubensnacht   40
- 6. Aus Liebe sterben   43

II. Teil Systematische Darstellung   45

A. Das Leid als Realsymbol der Liebe
(Theologische Grundlegung)   45
    1. Glaube als Voraussetzung   46
    2. In der Annahme des Leidens realisiert sich die Liebe   48
    3. Bestätigung durch den inneren Frieden   49
    4. Leiden am Mitmenschen als Ausdruck der Nächstenliebe   50

B. Leid als Weg zur Erkenntnis
(Hermeneutische Dimension)   **53**
    1. Erkenntnis des Menschen (Anthropologie)   53
    2. Erkenntnis Gottes (Theologie)   57

C. Annahme des Leidens als Mitvollzug der Erlösung
(Soteriologische Dimension)   **63**
    1. *Das Empfangen-Können als Bedingung der Möglichkeit der Erlösung*   65
    2. Gott will nichts ohne den Menschen tun   67
    3. Annahme des Leidens ist Mitvollzug der Erlösung   68

D. Annahme des Leidens als Ermöglichung von Kirche
(Ekklesiologische Dimension)   **71**
    1. Die Liebe ist das Herz der Kirche   71
    2. Missionarische Dimension des Leidens   73
    3. Annahme des Leidens ermöglicht Communio   76

Schlusswort   *78*

Abkürzungsverzeichnis   *84*

Literaturverzeichnis   *85*

Verweise   *95*

Einleitung

Die hl. Therese ist mir schon seit langem eine Begleiterin im geistlichen Leben geworden, und ich habe ihr viel zu verdanken. Dazu angeregt, meine Diplomarbeit über die 'kleine' Heilige zu schreiben, hat mich meine Arbeit im Theresienwerk während meiner Freisemester in Augsburg. Eine Seminararbeit über 'das Gebet bei Therese von Lisieux' war der erste Schritt auf diesem Weg. Ich bin Prof. Menke sehr dankbar, dass er mir diesen Wunsch erfüllt und meine Arbeit angenommen hat. Auch das Thema „Leiden" war für mich sehr bereichernd, in einer Zeit, in der ich selber einiges von dem erlebte, über das ich gearbeitet habe.

Die Arbeit trägt nicht dazu bei, die klassische Theodizee-Frage oder die Herkunft des Leidens zu diskutieren, sondern sie zeigt auf, wie ein Mensch im schweren persönlichen Leid ausgehalten hat, weil er unerschütterlich an die Liebe Gottes geglaubt und diese auch im Leiden erfahren hat. Für Therese von Lisieux ist das Annehmen des Leidens ein Ausdruck der Liebe. Das Leid bildet eine wesentliche Dimension in Thereses Spiritualität. Sie hat keinen höheren Schulabschluss und keine theologischen Studien absolviert. Aus dem gelebten Glauben und den Vorgaben ihrer Zeit heraus gelangt sie zu einer geistlichen Tiefe, die ihresgleichen sucht.

Die Schwierigkeit dieser Arbeit liegt darin, aus den unsystematischen Aufzeichnungen und Briefen der 24jährigen Ordensschwester, innerhalb der dogmatischen Theologie, ihre 'Lehre' systematisch darzustellen. Eine Arbeit, die das Leiden unter theologischen Gesichtspunkten bei Therese von Lisieux untersucht, ist mir nicht bekannt.[1]

Als Textgrundlage dieser Arbeit dienen primär die kritische Ausgabe ihrer Selbstbiographie, ihre Briefe und Gedichte.[2] Sekundarquellen sind Aufzeichnungen ihrer 'letzten Gespräche' im

Krankenzimmer[3], die Erinnerungen ihrer Schwester Celine und die Prozessakten der Selig- und Heiligsprechung.[4] Ich orientiere mich an den deutschen Übersetzungen, weil ich der französischen Sprache nicht mächtig bin.[5]

Für den ersten Teil der Arbeit stütze ich mich auf die fundierten und aktuellen Werke von Andreas Wolbold und Conrad de Meester.[6] In der theologischen Reflexion halte ich mich an Hans Urs von Balthasar und Andre Combes.[7]

In der historischen Entwicklung (I. Teil) zeige ich anhand von drei Lebensabschnitten (A Kindheit; B Schulzeit; C Karmel) der hl. Therese, wie sich ihr Verständnis vom Leiden durch Erfahrung und Reflektion entwickelt. Ihr Weg führt von der Ablehnung des Leidens über dessen Erduldung bis zur Verherrlichung und schließlich zu einer Relativierung in der Hingabe.

Eine systematische Darstellung ihres Denkens versuche ich im zweiten Teil (II) der Arbeit. Zuerst wird der grundlegende Zusammenhang von Leiden und Liebe aufgezeigt (A). Daraus ergeben sich drei weitere Dimensionen des Leidens. Das Leid führt durch die Liebe zur Erkenntnis (B), das Annehmen des Leidens ermöglicht Mit-Erlösung (C) und erbaut die Kirche auf (D).

Biographische Einführung

Therese wird am 2. Januar 1873 als neuntes und letztes Kind von Louis und Zelie Martin geb. Guerin in Alençon (Normandie) geboren. Der Vater ist Uhrmachermeister, die Mutter betreibt eine Manufaktur zur Herstellung von Spitzen. Vier Geschwister sind schon im frühen Kindesalter gestorben. Therese wächst mit ihren älteren Schwestern, Marie, Pauline, Leonie und Celine, auf. Als Säugling kommt sie bereits an den Rand des Todes, da ihre 42jährige Mutter sie nicht mehr stillen kann, und Therese an Darmstörungen leidet. So wird sie mit acht Wochen zu einer Amme, Rose Taille einer Bäuerin nahe der Stadt, gegeben, wo sie ein Jahr bleibt. Ende des Jahres 1876 erfährt Frau Martin, dass sie an Krebs erkrankt ist. Sie stirbt bereits im August 1877. Die Mutter hat veranlasst, dass die Familie nach ihrem Tod nach Lisieux umsiedelt, um ihrem Bruder Isidor Guerin nahe zu sein. Herr Martin verkauft den Betrieb seiner Frau und setzt sich in den Ruhestand, um im neu gekauften Haus in Lisieux, den Buissonnets, ein wohlgeordnetes Familienleben zu führen, in dessen Mittelpunkt das kirchliche und religiöse Leben und die Erziehung seiner Töchter stehen.

Mit acht Jahren besucht Therese die Abteischule der Benediktinerinnen, wo sie gute Leistungen erbringt, doch kaum Anschluss unter den meist älteren Mitschülerinnen findet. Nachdem Pauline, die sich Therese als 'zweite Mutter' erwählt hatte, 1882 in den Karmel von Lisieux eintritt (als Sr. Agnes von Jesus), erkrankt Therese an Ostern 1883 wohl an einer Psychose[8]. An Pfingsten fühlt sie sich durch das Lächeln der Muttergottes geheilt. Ihre Erstkommunion 1884 erlebt sie als einen Tag großer Gnade. Doch, ausgelöst durch sehr strenge Exerzitienpredigten vor ihrer zweiten Kommunion im Mai 1885, fällt sie in eine Skrupulosität, von der sie erst durch das Gebet zu ihren verstorbenen Geschwistern im Oktober 1886 teilweise befreit wird. Damit verbunden war das vorzeitige Ende der Schule und der Eintritt ihrer Schwester Marie in den Karmel von Lisieux (als Sr. Marie vom Heiligen Herzen). So verlor Therese ihre dritte 'Mutter'. Weihnachten 1886 gewann Therese ihre innere Stärke wieder.

Nun ist Therese fest entschlossen, ihre schon lange gewisse Berufung zum Karmel zu verwirklichen. Doch der 14jährigen stellt sich im Lauf des Jahres 1887 der Widerstand des Onkels, dann des Superiors des Karmels, Abbe Delatroette's, und die ausweichende Antwort des Bischofs Hugonins entgegen. So nutzt sie eine Romreise dazu, den Papst selbst um Erlaubnis zu bitten. Am Ende des Jahres erhält sie die nötige Dispens und wird am 9. April 1888 Postulantin im Karmel von Lisieux. Am 8. September 1890 feiert sie Ewige Profess. Ihrem Ordensnamen Therese vom Kinde Jesus fügt sie später hinzu: und vom Heiligen Antlitz. Im Karmelleben findet sich Therese schnell zurecht, trotz strenger und harter Erziehung. Doch gerät sie immer mehr in eine Spannung zwischen ihrer Schwester Pauline (diese war Priorin ab Februar 1893) und der Oberin, Mutter Marie de Gonzague, besonders seitdem Therese 1893 zur Gehilfin von Mutter Marie im Noviziat bestellt wurde.

Thereses erste Jahre im Kloster sind durch den geistigen Abbau ihres Vaters und seine Einlieferung in eine Nervenheilanstalt in Caen überschattet. Im Gebet erlebt Therese große Trockenheit. Bestärkt durch ein Machtwort ihres Seelenführers P. Pichon, gegen ihr überempfindliches Gewissen und durch die Predigt von P. Prou, kommt sie mehr und mehr zu der Überzeugung, dass sie sich der Liebe Gottes ohne Vorbehalt anvertrauen kann.

Nach dem Tod des Vaters tritt auch Celine 1894 als Sr. Genevieve von der hl. Teresa in den Karmel von Lisieux ein. Ihr folgt später noch ihre Kusine Marie Guerin, während Leonie in das

Heimsuchungskloster in Le Mans eintritt. Unter dem Priorat ihrer Schwester Pauline beginnt Therese Gedichte, kleine Theaterstücke, Gebete und vor allem ihre Lebensgeschichte[9] zu verfassen. Eine umfangreiche Korrespondenz hat sie immer geführt. Mit wachsender Klarheit beschreibt sie ihren 'kleinen Weg des Vertrauens und der Liebe', den sie Ende 1894 klar formulieren kann. Persönlicher Ausdruck dieses Weges ist die 'Weihe an die Barmherzige Liebe' am Dreifaltigkeitssonntag 1895. Durch das Gebetsapostolat für zwei angehende Missionare, Abbe Maurice Belliere und Abbe Adolphe Roulland, öffnet sie sich für die weltweite Mission und weltkirchliche Dimension, zu „lieben und lieben zu lehren".

En Blutsturz in der Nacht zum Karfreitag 1896 zeigt ihr, dass sie an Tuberkulose erkrankt ist und mit dem Tod rechnen muss. Sie nimmt aber noch über ein Jahr voll am Leben der Kommunität teil, bevor sie sich im Mai 1897 auf die Krankenstation zurückziehen muss. Zusätzlich durchlebt sie seit Ostern 1886 eine Glaubensnacht, in der sie keine Gewissheit des Himmels – wie durch eine Mauer getrennt – fühlt. Während Exerzitien im September 1896 entdeckt sie neu ihre Berufung zur grenzenlosen Liebe und gibt ihre Einsicht in einem Brief an Marie[10] wieder. Im Juni 1897 verfasst sie schließlich eine Fortsetzung ihrer Lebensgeschichte[11]. Nach 18 Monaten schwerer körperlicher und seelischer Leiden stirbt Therese am 30. September 1897 im Alter von 24 Jahren.

Ausgelöst durch die Veröffentlichung einiger ihrer Schriften unter dem Namen 'Geschichte einer Seele' im Jahre 1898 wächst eine Verehrung Thereses, die in der neueren Kirchengeschichte ihresgleichen sucht und bis heute weiter zunimmt. 1923 wird sie selig-, 1925 heiliggesprochen, 1927 zur zweiten Patronin der Weltmission, 1944 zur zweiten Patronin Frankreichs ernannt und 1997 wird sie als dritte Frau zur Kirchenlehrerin erhoben.[12]

I. Teil
Historische Entwicklung

Im Leben der hl. Therese vom Kinde Jesus sind Theorie und Praxis untrennbar miteinander verbunden. Therese hat in ihrem Leidensverständnis eine Entwicklung durchgemacht, die im folgenden Teil dargestellt wird. Ihr Weg führt von der Ablehnung des Leidens über dessen Erduldung bis zur Verherrlichung und schließlich zur Hingabe. Therese war ganz Kind ihrer Zeit. Darum sind die zeitgeschichtlichen Einflüsse nicht unerheblich, um einige 'Merkwürdigkeiten' besser zu verstehen, aber auch, um die Größe der kleinen Heiligen zu erkennen, die die Vorgaben ihrer Zeit durchschritten hat.

A. Kindheit

1. Die erste Begegnung mit dem Leiden

Von frühester Kindheit an hat Therese Martin das physische Leid gekannt. Obwohl sie am 2. Januar 1873 kräftig und gesund[13] auf die Welt kam, dauerte es kaum 14 Tage, bis die Mutter in großer Sorge um das Leben ihrer kleinen Tochter war. Wie die vier verstorbenen Kinder vorher, zeigte Therese nun dieselben Krankheitssymptome.[14] Die Darmprobleme wurden so gefährlich, dass Frau Martin bereits am 1. März keine Hoffnung mehr hatte.[15] Darum wurde Therese zu einer Amme aufs Land gebracht. Dort erholte sie sich wieder, und ihr Gesundheitszustand wurde sehr gut.[16] Am 2. April 1874 kehrte Therese in die Familie zurück. Die Mutter war bemüht, alle

'Defizite'[17] aufzuholen und umsorgte ihre 'Puppe'[18] mit größter Sorgfalt.

Im November 1876 wurde Therese wieder ernstlich krank und litt unter Atemnot.[19] Sie schreibt in ihrer Autobiographie nichts über diese Krankheiten, obwohl sie die Briefe ihrer Mutter von ihrer Schwester bekommen hat. „Da diese Art des Leidens ihr, wenigstens für diesen Lebensabschnitt, nicht zur Geschichte einer Seele zu gehören schien, fand sie es nicht der Mühe wert, davon etwas zu erwähnen."[20] Was sie aber aus jener Zeit festhalten wollte, war der Kummer, den sie hatte, wenn sie in ihrem Übermut die Eltern betrübte.[21] Die Sensibilität Thereses war Anlass großer Schmerzen. Sie weinte oft Reuetränen über kleine Missgeschicke.[22]

Bis zu ihrer Tuberkulose bedeutet Leiden für Therese weniger das physische als mehr das psychische. Darum erwähnt sie in ihrer Autobiographie keine Krankheiten. Der größte Schmerz ihrer Kindheit war der Tod der Mutter.

2. Tod der Mutter

Nachdem sich nun die Gesundheit Thereses gefestigt hat, erleidet sie im August 1877 einen großen seelischen Schock. Frau Martin stirbt am 28. August des Jahres an Krebs.[23] Thereses Leben ändert sich gewaltig. Als sie am folgenden Morgen den letzten Kuss auf die Stirn ihrer Mutter drückt, nimmt Therese Abschied von ihrer Freude, ihrem lebhaften Wesen und der Offenherzigkeit, die sie bis dahin charakterisierten. Mit aller Klarheit hat Therese über das erschütternde Ereignis geschrieben:

„Alle Einzelheiten der Krankheit unserer geliebten Mutter sind meinem Herzen noch gegenwärtig, ich entsinne mich vor allem der letzten Wochen, die sie auf Erden verbrachte; [...]Am Tag von Mamas Hinscheiden oder tags darauf nahm mich Papa auf den Arm

und sagte: – 'Komm, gib deinem armen Mütterchen zum letzten Mal einen Kuss.' Und ich, ohne ein Wort zu sagen, drückte meine Lippen auf die Stirn meiner geliebten Mutter ... Ich entsinne mich nicht, viel geweint zu haben, ich sprach mit niemand von den tiefen Gefühlen, die ich empfand ... Stumm schaute und hörte ich zu ... niemand hatte Zeit, sich um mich zu kümmern."[24]

Dieses traumatische Ereignis[25] hat Therese in ihrer Kindheit sehr geprägt. Sie wurde sehr empfindlich und löste sich sofort bei kleinen Unstimmigkeiten in Tränen auf.[26] Sie findet daher ihr Glück in der Geborgenheit der Familie.[27] Die Berührungen mit der Außenwelt sind nur flüchtig. „*Der liebe Gott hat mir die Gnade gewährt, die Welt nur eben genug zu kennen, um sie geringzuschätzen und mich von ihr abzuwenden.*"[28] Die Gefahr zur Weltflucht ist vorgezeichnet.

Das Leid in der Auseinandersetzung mit dem Tod gibt Therese Anlass, schon in der Kindheit viel 'nachzudenken',[29] besonders über Ewigkeit und Vergänglichkeit. Das Leben ist für Therese Traurigkeit, ein Leben in Verbannung.[30] Sie träumt vom Himmel, von einem Leben ohne Leiden, nur in Freude. Sie entwickelt eine tiefe Sehnsucht nach dem Himmel.[31] Diese Hoffnung auf das Jenseits gibt ihr Kraft, im Leiden auszuhalten. Der Himmel ist der Ort, in dem ihre Mutter ist, in dem ihre vier verstorbenen Geschwister sind. Es ist der Ort der Freude. Sie betrachtet das Leiden als ein Übel,[32] das irgendwann mit dem Tod endet, das es auszuhalten gilt. Ihre ganze Spiritualität kann als Himmelssehnsucht zusammengefasst werden.[33]

Therese wählt sich Pauline als 'Ersatzmutter' aus, die sie schon immer als Vorbild verehrte und der sie großes Vertrauen schenkt. Bei Pauline war die Trennung von Welt und Himmel am deutlichsten ausgeprägt. Ein unbeugsamer Wille muss die Liebe zum Irdischen auslöschen und nur noch das Himmlische gelten lassen.[34] Diese

Erziehung Paulines bestärkt die Erfahrung Thereses, dass nur im Himmel Frieden zu finden ist.

Therese wächst in einem bürgerlich-katholischen Milieu und geht ganz in ihrer religiösen Umwelt auf.[35] Die Überzeugungen und Beziehungen ihrer Familie bilden weitgehend die Grenzen ihrer Welt.

B. Schulzeit

1. Pauline tritt in den Karmel ein

Am 3. Oktober 1881 beginnt für Therese die Schulzeit in der Pensionatsschule der Benediktinerinnen. Es war die traurigste Zeit ihres Lebens,[36] weil die Trennung von der Familie für sie so schmerzhaft war. Bis dahin wurde sie zu Hause durch ihre Schwestern unterrichtet. Zur Trennung von der Familie kommt ein zweiter großer Schlag: Pauline tritt am 15. Oktober 1882 in den Karmel von Lisieux ein. Sie war für Therese eine Ersatzmutter geworden. Sie hat sie morgens geweckt, sie unterrichtet; sie war ihre Vertraute. Therese bekam nur zufällig mit, dass Pauline in den Karmel eintreten wollte. Sie schreibt selber darüber: *„Ich wusste nicht, was der Karmel war, aber ich begriff, dass Pauline mich verlassen wollte, um in ein Kloster einzutreten. Ich begriff, dass sie nicht auf mich warten würde, und dass ich im Begriff war, meine zweite Mutter zu verlieren!... Ach! wie vermöchte ich meine Herzensangst zu beschreiben! ... In einem Augenblick begriff ich, was das Leben ist, bis anhin war es mir nicht so traurig erschienen, aber es zeigte sich mir in seiner ganzen Wirklichkeit, ich sah, dass es nur Leid ist und beständige Trennung. Ich vergoss gar bittere*

Tränen, denn ich verstand noch nicht die Freude, die im Opfer liegt; ich war schwach, so schwach, dass ich es als große Gnade betrachte, eine Prüfung überstanden zu haben, die weit über meine Kräfte zu gehen schien! ... Hätte ich vom Abschied meiner geliebten Pauline nach und nach erfahren, dann hätte ich vielleicht nicht so sehr gelitten, aber da ich es durch einen überraschenden Zufall erfuhr, war es, als hätte sich ein Schwert in mein Herz gebohrt."[37]

„Dieser Schock ruft in ihr den Tod ihrer Mutter wach, der bisher im Untergrund geblieben war."[38] Dies konnte Therese nicht mehr verkraften. Nach längeren Beschwerden bricht eine psychotische Störung[39] aus. Sie ist in dieser Zeit nichts anderes mehr „als ein kleines sanftes Mädchen, weinerlich bis zum Exzess".[40] Am 25. März 1883, dem Osterabend, überkommt Therese ein Zittern, sie friert und ist sehr unruhig. Dr. Notta, der Hausarzt, stellt eine ungenaue und pessimistische Diagnose: „Eine sehr schwere Krankheit, von der kein Kind jemals befallen war."[41] Sie leidet unter Depressionen, Halluzinationen, motorischen Störungen. An Pfingsten erkennt sie ihre Schwester Marie nicht mehr. Sie dreht ihren Körper im Bett hin und her, stößt ihren Kopf an die Bettkante.[42] Zur Überraschung aller ist sie am Tag der Einkleidung Paulines wohlauf und darf im Karmel auf Paulines Schoß sitzen. Doch am nächsten Tag ist der Rückfall umso schlimmer. *„Die Krankheit wurde so schlimm, dass ich nach menschlichem Ermessen nicht mehr genesen sollte."*[43] Die Familie Martin hat große Angst um ihre jüngste Tochter. Sie meinten, entweder stirbt sie oder bleibt ihr ganzes Leben 'verrückt'. Doch am Pfingstfest, dem 13. Mai desselben Jahres, wird sie durch das Lächeln der Muttergottes auf ungewöhnliche Weise gesund.[44]

Therese hat die Erfahrung gemacht, dass Gott sie von Leid befreien kann, wenn er es will. Diese Erfahrung des Handelns Gottes bestärkt sie auch in ihrem Glauben. Sie erlebt im wahrsten Sinn des

Wortes die Realität des Glaubens, die Wirklichkeit Gottes. Therese überwindet durch ihre Sehnsucht zum Himmel, wie schon in ihrer Kindheit, ihre Leiden. Sie bekommt nicht nur die Kraft zum 'Ertragen', sondern sie wird auch dadurch vom Leiden befreit. Therese hält aufgrund des Glaubens das Leiden besser aus, aber sie „*verstand noch nicht die Freude, die im Opfer liegt*"[45].

2. Die Erstkommunion

Therese wurde von ihrer Schwester Marie auf die erste hl. Kommunion vorbereitet. So erhielt Therese das nötige Wissen, um zur Kommunion gehen zu dürfen. Pauline, Sr. Agnes von Jesus, hat im Karmel eigens ein Heft zur Vorbereitung auf die Kommunion zusammengestellt, in das Therese alle Gebete und Opfer auflisten sollte. Therese wurde schon früh angehalten, freiwillig kleine Leiden anzunehmen, um dadurch Jesus Freude zu bereiten. Die Erfahrung der Heilung durch das Lächeln der Mutter Gottes bereitete Therese schon auf eine intensive Gotteserfahrung vor.[46] Das geistliche Erleben Gottes übersteigt den engen Kreis der Familie und befähigt Therese wirklich, die schwierigen Situationen des Lebens aus einer anderen Perspektive zu betrachten. Ein solches entgrenzendes Erlebnis war ihre Erstkommunion.[47] Diese hat für ihren Umgang mit dem Leiden eine wichtige Bedeutung. Therese kann zum ersten Mal den Tod ihrer Mutter und die Abwesenheit Paulines offen erwähnen, ohne in Tränen auszubrechen.[48] In der Erfahrung der Liebe Jesu weiß sich Therese geborgen und sicher.

Intensiv spricht Marie mit Therese über das Leiden am Abend vor der zweiten Kommunion an Christi Himmelfahrt.[49] Marie glaubt nicht, dass Therese viel in ihrem Leben leiden werde, doch hat Therese bei der Kommunion eine große Sehnsucht nach Leiden und die Gewissheit, dass sie viel leiden werde. Dies erachtet sie als eine der größten Gnaden ihres Lebens.[50] Therese sehnt sich mit 12 Jahren nach dem Leiden: es wird zu einem Wesenszug ihres Lebens. Das Kreuz wird ihr zum Lebensvollzug.[51] Das Leiden wird für Therese etwas Geheimnisvolles, dessen 'irdischer' Sinn nicht zu fassen ist. Weil sie es aber mit dem Leiden Christi in Zusammenhang bringt,[52] bekommt so das Leiden eine transzendente Dimension. Das Ertragen von Leiden ist für sie etwas Heroisches. Therese will Gott voll und ganz ihre Liebe 'beweisen'.

Das Leiden entdeckt Therese als von Jesus 'geschenkt' und 'gewollt'. Weil sie in der Kommunion Jesus zum ersten Mal so nahe gekommen war, fällt es ihr nicht schwer, Jesu Wünsche zu erfüllen. Sie möchte Jesus lieben, und sie sieht in der positiven Annahme des Leidens die größte Möglichkeit, Jesus ihre Liebe zu beweisen. Die Vorbereitung auf die erste hl. Kommunion und die Teilnahme daran bilden eine erste Wende in ihrem Leben: *„Bis dahin hatte ich gelitten, ohne das Leiden zu lieben; aber von diesem Tage an empfand ich eine wahre Liebe dafür."*[53]

Auffällig ist der Trost, den Therese im Leiden fand. Es machte ihr Freude, das Leid anzunehmen, nicht das Leiden an sich machte ihr Freude, sondern ihr damit verbundenes Ja zum Willen Gottes. Kraft zu leiden, bekommt Therese einen Monat später bei ihrer Firmung,[54] „denn während sie bisher bei jedem Leid nach schützenden Armen Ausschau hielt, kann sie sich ihm nun stellen und das Leid in der Kraft Gottes sogar bejahen".[55] Therese hat einen Weg gefunden. Im Leiden sucht sie ihre Zuflucht nicht nur in der Familie, sondern in Gott. „Unter dem Einfluss tief erlebter eucharistischer Gnaden nimmt ihre Liebe zum Leiden zu."[56]

3. „Nachfolge Christi"

Es gibt verschiedene Einflüsse im Leben der hl. Therese, die die frühe Leidensliebe hervorgerufen haben: die Familie, Jansenismus, „Nachfolge Christi" und Abbé Arminjon. Therese war ganz Kind ihrer Zeit, deren Wirkung sich in ihrer Familie widerspiegelt. „Therese ist tatsächlich in einem außerordentlich geschlossenen katholischen Weltbild aufgewachsen."[57] Kindheit bedeutet immer Herkunft aus den Vorgaben, darum ist es nicht verwunderlich, dass sie schon mit 12 Jahren eine so ausgeprägte Leidensliebe hatte.

Massiven Einfluss der Leidensliebe hat auch das jansenistische Gottesbild ihrer Zeit bewirkt.[58] Dort waren 'Genugtuung' und 'Sühne' Schlüsselbegriffe. Dieses Gottesbild ist von einer vergröberten Vorstellung der Sühnetheologie Anselms von Canterbury bestimmt. Für viele war der Kreuzestod Jesu eine Art 'Mechanismus' des beleidigten und wiederhergestellten Rechtes. Es ist die Form, wie die unendlich beleidigte Gerechtigkeit Gottes mit einer unendlichen Sühne wieder versöhnt wird.

Die erste Predigt, die Therese verstand, war eine Predigt über das Leiden.[59] Ihr Leben, zumindest bis zum Eintritt in das Karmelkloster, muss im Kontext der 'Nachfolge Christi' gesehen werden.[60] „Der theresianische Geist ist aber nicht mit der 'Nachfolge Christi' gleichzusetzen."[61] Über die 'Nachfolge Christi' sagt Therese: *„Es war das einzige Buch, das mir wohltat. [...] Ich wusste fast alle Kapitel meiner geliebten Nachfolge auswendig, dies Büchlein verließ mich nie ...."*[62]

Durch die 'Nachfolge Christi' wurde die Himmelssehnsucht, die praktisch durch den Tod von Thereses Mutter gegeben war, theoretisch gefestigt. *„Oft, wenn ich kommunizierte, wiederholte ich die Worte der 'Nachfolge Christi': 'O Jesus! du unaussprechliche Süße, verwandle mir in Bitterkeit allen irdischen Trost!...'* (NC III

26,3) *Dieses Gebet kam mühelos, zwanglos über meine Lippen; mir war, als wiederholte ich es nicht willentlich, sondern wie ein Kind, das die Worte nachspricht, die ein befreundeter Mensch ihm einflüstert.*"[63] Dieses Wort der 'Nachfolge Christi' wird für Therese in dieser Zeit zum Leitwort. Ihr Wunsch ist, Gott über alles zu lieben, darum will sie alles, was für sie auf dem Weg zu Gott hinderlich scheint, beiseite schaffen. Diese Tendenz zur Weltflucht prägt Therese lange Zeit,[64] doch überwindet sie diese am Ende ihres Lebens.[65]

Therese stand in der Gefahr des Leistungsdenkens: Dies besteht darin, für Gott soviel wie möglich zu leiden, um ihm Freude zu bereiten, aber auch zur eigenen Bestätigung und zur eigenen Rechtfertigung vor Gott. Dahinter steht eine unbewusste Selbsterlösung. Dies hat Therese erkannt und, darin besteht ihr Verdienst, völlig überwunden.

„In der Schule der 'Nachfolge Christi' konnte Therese nicht anders, als ihre Auffassung von einem Leben, das ganz und gar auf Gott ausgerichtet ist und bewusst keine irdischen Freuden genießen will, zu bestärken und weiter zu entfalten."[66]

Ein weiterer Einfluss waren die Vorträge des Abbé Arminjon. Ihr Vater hatte dieses Buch vom Karmel ausgeliehen. Therese ist so begeistert von diesem Buch, dass sie einige Seiten daraus abschreibt. Die Themen sind der Himmel und die Sehnsucht nach dem Himmel. Für Arminjon „ist der Himmel kein fernes Jenseits, sondern die Begegnung mit dem Feuer der Liebe Gottes, auf die hin bereits alle Kämpfe und Prüfungen dieser Zeit hinstreben".[67] Therese schreibt in ihrer Autobiographie: „*Diese Lektüre gehört auch zu den größten Gnaden meines Lebens. Ich saß dabei am Fenster meines Studierzimmers, und der Eindruck, den ich im Gedanken daran empfinde, ist zu innerlich und zu zart, als dass ich ihn wiederzugeben vermöchte... [...] Ich empfand schon im voraus, was Gott denen vorbehält, die ihn lieben (nicht mit dem leiblichen Auge, sondern mit dem des Herzens), und da ich sah, wie die ewigen Belohnungen in keinem Verhältnis stehen zu den geringen Opfern des Lebens, wollte ich lieben, Jesus mit Leidenschaft lieben, ihm tausend Zeichen der Liebe geben, solange ich es noch vermochte... Ich schrieb einige Stellen ab über die vollkommene Liebe und über die Aufnahme, die Gott seinen Erwählten bereitet im Augenblick, da Er selbst ihre große und ewige Belohnung wird. Unaufhörlich wiederholte ich die Worte der Liebe, die mein Herz entflammt hatten."*[68] Die 9. Predigt des Abbé Arminjon hatte die Überschrift: „Vom Geheimnis des Leidens im Zusammenhang mit dem zukünftigen Leben." Ein Anliegen Arminjons war es, „das Fehlen des übernatürlichen Geistes und das absolute Außerachtlassen des zukünftigen Lebens"[69] in Erinnerung zu rufen, um gegen den Naturalismus zu kämpfen.

Therese hat das Buch nicht nur gelesen, sondern hat es gelebt.[70] Arminjon hatte die geistliche Ausrichtung von Thereses Leiden verstärkt. Sie erkennt, dass das irdische Leiden in keinem Verhältnis zum ewigen „Lohn" steht. Therese zitiert häufig den Satz: „Nun ist es an mir."[71] Dies ist der Leitsatz, der zeigt, dass Therese auf die ewige Vergeltung durch Gott wartet, der alle ihre Leiden belohnt.

Bevor sie das Evangelium entdeckt hatte,[72] waren die beiden Bücher 'Nachfolge Christi' und die Vorträge des Abbé Arminjon ihre Nahrung für das geistliche Leben.[73]

Therese leidet nicht mehr an der Sinnlosigkeit, sondern 'nur' noch an den Schmerzen. Sie hat die Perspektive gewechselt und sieht jetzt mit den Augen des Glaubenden auf die heilsrelevante Dimension des Leidens.

4. Skrupel

Eine schreckliche innere Prüfung durch die Krankheit der Skrupel machte Therese ab Mai 1885 durch. Die Skrupel beginnen mit den Einkehrtagen vor der zweiten feierlichen Kommunion (Erneuerung). Die Einkehrtage,[74] die Abbé Domin hält, haben die Themen: Todsünde, Tod und Gericht. Die Vorträge sind erschreckend,[75] und Therese fällt in schreckliche Angstzustände.[76] Sie fürchtet, ihr „*Taufkleid befleckt zu haben*".[77] Vorbereitet und verstärkt wurden die Skrupel durch die jansenistische Moralvorstellung, die so sehr leicht etwas zu einer schweren Sünde erklärte.[78] Der geringste Fehler wurde sehr streng beurteilt, und Therese machte sich schnell heftige Vorwürfe.[79] Therese nimmt Zuflucht bei ihrer Schwester Marie und vertraut ihr alle Skrupel an. Sie konnte gut helfen, weil sie selber diese seelische Not kannte und durch die Hilfe P. Pichons, dem 'Hausgeistlichen' der Familie Martin, die Angst überwand.[80] Marie hilft Therese so, dass der Beichtvater, Abbé Domin, ihre Skrupeln nicht bemerkt.[81] Hatte Therese doch seit ihrer Kommunion eine verlässliche Stütze im Vertrauen auf Gott gefunden, ihre Leiden zu bestehen, so wird ihr durch die Skrupulosität diese Stütze genommen. Die Skrupel verfolgen Therese bis November 1886. Zu dieser inneren Not kommt hinzu, dass Marie, ihre dritte 'Mutter', am 15. Oktober desselben Jahres in den Karmel eintritt. Durch ihre kleinsten Vergehen fürchtet sie eine Trennung von Gott. Sie fühlt sich nun ganz verlassen.[82] Therese nimmt Zuflucht im Gebet zu ihren verstorbenen Geschwistern. Schon bald erfährt sie einen inneren Frieden. „*Ich begriff, dass wenn ich auf Erden geliebt war, ich es auch im Himmel war.*"[83] Therese erlebt die Gemeinschaft der Heiligen als eine familiäre Gemeinschaft, die ihr im Leiden beisteht. In dieser Gemeinschaft findet sie Geborgenheit und Hilfe. Therese sucht nun nicht mehr ihre Zuwendung in der 'irdischen', sondern vor allem in der 'himmlischen' Familie.

Zudem hat auch das Machtwort P. Alexis zur Überwindung der Skrupel geholfen. Die Fehler, die Therese beunruhigten, *bereiten dem lieben Gott keinen Schmerz.*[84] Auch die Versicherung P. Pichons, kurz nach Thereses Klostereintritt, sie habe in ihrem ganzen Leben keine einzige Todsünde begangen, befreit sie endgültig von der Angst.[85] Die Furcht, die sie daran gehindert hat, ganz den Weg des Vertrauens und der Liebe zu gehen, verschwindet durch die Worte der Beichtväter. Nachdem die Furcht beseitigt worden ist, fliegt Therese auf ihrem Weg der Liebe.[86] Nun überlässt sie sich ganz dem Vertrauen.

Therese fasst selber diese Zeit zusammen und sagt am 31.07.1897 über ihre Entwicklung:

„Ich habe das Glück und die Freude auf der Erde gefunden, aber nur im Leiden, denn ich habe viel gelitten hienieden, dass muss man die Seelen wissen lassen ... Seit meiner ersten Kommunion, seit ich Jesus gebetet hatte, für mich allen Trost der Erde in Bitterkeit zu verwandeln, hatte ich ein beständiges Verlangen nach Leiden. Indessen dachte ich nicht daran, daraus meine Freude zu machen; das ist eine Gnade, die mir erst später zuteil geworden ist. Bis dahin war es wie ein unter Asche verborgener Funke und wie die Blüten eines Baumes, die zu Früchten werden müssen, wenn ihre Zeit gekommen ist. Aber da ich meine Blüten fortwährend abfallen sah, mit anderen Worten, da ich litt, sagte ich mir mit Schrecken und Trauer: So wird es also immer beim Wünschen bleiben!"[87] Ab 1884 hat Therese das Verlangen zu leiden, aber erst ab 1886 wird es ihr zur Freude.

5. Die Weihnachtsgnade

Die Familie Martin hatte die Angewohnheit, an Weihnachten die Schuhe mit Geschenken und Süßigkeiten zu füllen und sie dann in den Kamin zu stellen. An Weihnachten 1886 war Herr Martin der Meinung, dass für ein 15jähriges Mädchen dieser Brauch zu albern sei. Als Therese nun aus der Mitternachtsmesse nach Hause kommt, hört sie, während sie die Treppe hinaufsteigt ihren Vater, der ermüdet ist, zu Celine sagen: „Nun, gottlob ist es das letzte Jahr!"[88] Wie Celine schon die Tränen in Thereses Augen sieht, weiß sie, dass das Weihnachtsfest gelaufen ist, und rät ihr, nicht sofort hinunterzugehen. Doch das ist der Zeitpunkt, in dem sich plötzlich alles ändert. In einem Augenblick fängt sich Therese, wischt sich die Augen, geht wieder hinunter und packt fröhlich ihre Pakete aus. Celine kommt aus dem Staunen nicht heraus. Auf der Treppe hat sich soeben in ihrer Schwester eine Veränderung vollzogen. Eine neue, unbekannte Kraft erfüllt sie plötzlich. Sie ist nicht mehr dieselbe. Jesus hat ihr Herz umgewandelt.[89] Für Therese handelt es sich um ein kleines Wunder: *„In einem Augenblick hatte Jesus vollbracht, was mir in zehnjähriger Anstrengung nicht gelungen war, er begnügte sich mit meinem guten Willen, an dem es mir nie fehlte. Wie die Apostel konnte ich ihm sagen: 'Herr, ich habe die ganze Nacht gefischt und nichts gefangen.' Noch barmherziger gegen mich als gegen seine Jünger nahm Jesus selbst das Netz, warf es aus und zog es gefüllt mit Fischen wieder ein."*[90] Therese hatte ihre Seelenstärke wiedergefunden, die sie seit dem Tod ihrer Mutter verloren hatte, und es begann der dritte und schönste Abschnitt ihres Lebens.[91] Auch Therese hat sich in dieser Nacht nicht wiedererkannt.[92] Seit *„jener Nacht, in der Er sich schwach und leidend machte aus Liebe zu mir, machte Er mich stark und mutig. Er legte mir seine Waffenrüstung an, und seit jener gesegneten Nacht* *wurde ich in keinem Kampf mehr besiegt, im Gegenteil, ich schritt von Sieg zu Sieg und begann sozusagen 'wie ein Riese zu laufen!'"*[93] Therese wird jene Kraft zuteil, „die sie in mehreren Jahren unermüdlichen Kämpfens nicht zu erringen vermochte".[94] Diese Bekehrung[95] betrifft vor allem Thereses Haltung gegenüber dem Leiden.[96] Die Weihnachtsgnade ist die Überwindung der Überempfindlichkeit. Sie ist eine Tat Jesu. Was ihr in jahrelanger Anstrengung nicht gelungen ist, hat Jesus in einem Augenblick vollbracht.[97] An Weihnachten geschah die vollständige Entgrenzung der Vorgaben auf Gott hin. Therese war nicht mehr an das strenge Schema von Ordnung und Belohnung gebunden,[98] sondern entdeckt die Befreiung der Liebe. Hier wird im Keim der Grund gelegt für das, was später als der 'kleine Weg' des Vertrauens reiche Frucht bringen wird.[99] Therese erkennt ihre bis dahin übergroße Ichbezogenheit. Die wirkliche Liebe gewinnt Raum in ihrem Leben und wendet sich den Mitmenschen zu. Ihre Frömmigkeit ist nicht mehr auf sich selber bezogen, um ohne Makel vor Gott zu stehen, sondern sie erlebt die missionarische Dimension der Liebe. Der Beweis dafür ist der Fall Pranzini. Wie sie nun in der Liebe gewachsen ist, so ändert sich auch ihr Bild vom Leiden. So kann sie jetzt von einem Frieden im Leiden sprechen, weil sie weiß, dass ihr Leiden ein wirklicher Ausdruck der Liebe ist und nicht ihren Stolz und ihren Masochismus im Leiden befriedigt.

6. Pranzini

Therese begegnet zum ersten Mal bewusst dem Kreuz Jesu, als sie eines Sonntags das Bild des gekreuzigten Herrn betrachtet, das aus dem Messbuch heraus fällt. Sie ist betroffen von dem Blut, das aus seiner Hand fließt. Therese weiß, dass Jesu Kreuzestod die Quelle ihres Heiles ist. Darum ist sie sehr traurig darüber, dass Jesu Blut auf die Erde fließt, ohne dass es jemand zugute kommt. Sie möchte nun das Blut Jesu auffangen, das ein Sinnbild des Heiles ist, und es den Menschen schenken, die nicht glauben. Gleichzeitig fällt ihr der Ruf Jesu am Kreuz ein: 'Mich dürstet!' Diesen Schrei deutet sie als den umfassenden Heilswillen Christi. Diese Sehnsucht Jesu geht Therese so zu Herzen, dass sie nun alles tut, um für Jesus am Heil der Menschen mitzuwirken. Besonders möchte Therese für die Menschen beten, die sich Gott verschlossen haben.[100] Therese sieht, dass niemand an der Quelle der Erlösung steht und niemand das Heil annimmt. Sie leidet darunter, dass Jesus die Menschen in Schmerzen und in der äußersten Liebe erlöst hat und dass dies vielen gleichgültig ist. So ist das Wort Jesu: „Mich dürstet" zu einem Programmwort für Therese geworden.

Das Geheimnis der Erlösung fordert aktive Mitarbeit. Sie fühlt sich zur Mitarbeit und zur Mitverantwortung berufen.[101] *"Oh! Ich will das kostbare Blut nicht verlorengehen lassen. Ich werde mein Leben damit zubringen, es für die Seelen aufzufangen."*[102]

Therese hat durch ihre Kontemplation und durch ihr Annehmen des Leidens Anteil an der Missionstätigkeit.[103] Die Annahme des Leidens ist mit der Kontemplation zu vergleichen. Therese hält sich nun am Kreuz Jesu auf, um mit ihm Anteil am Heil der Seelen zu haben. Sie zieht diesen Schluss nicht aus Spekulationen, sondern aus der Praxis: Das Erlebnis mit dem Verbrecher Pranzini bestätigt ihre Erkenntnis und macht ihr Mut. Henri Pranzini hatte 1887 auf abscheuliche Weise zwei Frauen und ein junges Mädchen ermordet. Nun stand er vor Gericht und sollte zum Tod verurteilt werden. Therese hatte nur ein Verlangen: Sie wollte ihn retten und nahm ihn als ihr erstes Kind an. Therese tat alles, was ihr kindlicher Eifer ihr eingab, obwohl sie wusste, dass sie aus sich heraus nichts vermochte. Sie ließ eine hl. Messe für Pranzini feiern und opferte stellvertretend alle Verdienste Jesu und der Kirche dem Lieben Gott auf.[104] Sie vertraute so auf Gott, dass sie sich sicher war, erhört zu werden; aber um Mut zu bekommen und um ihr Apostolat eifriger auszuüben, bat sie um ein Zeichen der Reue.[105] Am Morgen des 31. August, dem Tag der Hinrichtung, beteuerte Pranzini im Gefängnis seine Unschuld bis hin zum Fuß des Schafotts und wies die Dienste des Herrn Abbé Faure, des Gefangenenseelsorgers, zurück. Im letzten Augenblick jedoch verlangte er das Kreuz und küsste es dreimal vor dem Sterben. Das war für Therese der Beweis. Sie wusste sich erhört und weinte vor Freude.[106] Von nun an beschleunigte sich ihr Entschluss, in den Karmel einzutreten, um dort für die Sünder zu beten und ihr Leben hinzugeben.[107]

Das Zeichen der Bekehrung war für Therese wichtig, es beflügelte sie so, dass sie jetzt alles, was sie tat und erlitt, für die Rettung der Menschen tat.[108]

Für Therese ist es ein offensichtliches Zeichen Gottes, das sie anspornt, für die Sünder zu beten und zu opfern. Therese erfährt jetzt schon, was sie später in einem Brief an Herrn und Frau Guerin schreibt: Gott liebt es, seine *„Schätze oft durch Opfer gewinnen zu lassen".*[109] Sie unterlässt seitdem keine Gelegenheit, dem lieben Gott Opfer zu bringen. Dabei wächst der Eifer mit dem Tun: *„Je mehr ich ihm zu trinken gab, desto größer wurde der Durst meiner armen kleinen Seele."*[110] Das Erstaunliche daran ist, dass der Durst zum Trank wird. Therese findet in ihrer großen Sehnsucht ihre Freude.

Das Verlangen Jesu: 'Gib mir zu trinken' wird zum Schlüssel ihres geistlichen Lebens. Sie sieht darin die Sehnsucht Jesu nach jedem einzelnen Menschen, und weil sie Jesus liebt, macht sie seinen Wunsch zu dem ihrigen. Sie will Jesus zu trinken geben, d. h. sie will die Menschen zu Jesus führen. Ein Mittel dazu ist die stellvertretende Annahme des Leidens. Jesus bettelt um die Mitarbeit, Jesus braucht sie, *weil er nichts ohne uns tun will.*[111]

7. Die Reise nach Rom

Therese will mit 15 Jahren in den Karmel eintreten, doch bekommt sie von vielen Seiten große Schwierigkeiten. Sie lässt nichts unversucht. Nachdem sie mit Ausdauer ihren Onkel überzeugt hat, machen die Verantwortlichen des Konventes ihren Wünschen ein Ende. Aber für Therese ist der Weg klar: *„Der Göttliche Ruf war so drängend, dass, hätte ich durchs Feuer gehen müssen, ich es getan haben würde, um Jesus treu zu sein ... Um mich in meiner Berufung zu bestärken, fand ich nur eine einzige Seele, diejenige meiner geliebten Mutter."*[112] Sie leidet in dieser Zeit sehr unter der Spannung zwischen ihren Wünschen und der Wirklichkeit. Das Kloster hat nichts gegen ihre Aufnahme, doch der Superior, Herr Delatroette, widersetzt sich ihrem Eintritt vor dem einundzwanzigsten Lebensjahr in absoluter Weise. Sie geht zum Bischof Hugonin und denkt sich: Wenn er zustimmt, muss auch der Superior zustimmen. Therese will mit dem Kopf durch die Wand. Aber auch der Bischof gibt keine positive Antwort. *„Meine Zukunft schien mir für immer vernichtet; je näher ich dem Ziele kam, um so verwickelter schien meine Angelegenheit zu werden. Meine Seele war in Bitterkeit getaucht, aber auch in Frieden, denn ich suchte nur den Willen des lieben Gottes."*[113]

Die letzte Möglichkeit für Therese ist der Papst. Vom 4. November bis zum 2. Dezember 1887 fährt Herr Martin mit Celine und Therese nach Rom. Am 20. November haben sie die Audienz beim heiligen Vater, Papst Leo XIII. Obwohl es verboten ist, mit dem Papst zu sprechen, tut sie es trotzdem.[114] Leo XIII. antwortet, nachdem der Generalvikar Abbé Reverony ihn aufgeklärt hat, nur kurz: „Nun gut, mein Kind, tun Sie, was die Oberen bestimmen werden." – *„Da legte ich meine Hände auf seine Knie und machte einen letzten Versuch, indem ich mit flehender Stimme bat: 'O*

Heiligster Vater, wenn Sie ja sagten, wären alle einverstanden!' Er sah mich fest an, und indem er jede Silbe betonte, sprach er: 'Schon gut... schon gut.. Sie werden eintreten, wenn der Liebe Gott es will!'"[115] Therese ist in Tränen aufgelöst. „*Noch niemals habe ich so schwer gelitten.*"[116]

In solchen Situationen trägt nur noch der Glaube den Sieg über die Verzweiflung davon.[117] Therese wird auf eine harte Geduldsprobe gestellt, aber gerade darin entdeckt sie die Möglichkeit, sich für den Klostereintritt vorzubereiten.[118]

Therese steht vor dem Problem, dass sie den Sinn dieser Prüfung nicht erfassen kann, will ihn aber verstehen. Darum erklärt sie diese Ungereimtheiten mit dem Bild der scheinbar willkürlichen Gewohnheiten eines spielenden Kindes. So sieht sie sich als ein Spielzeug des Jesuskindes.[119] Jesus ruft sie in den Karmel, doch sagt er, vertreten durch die Stimme der Kirche: „Jetzt nicht." In dieser schmerzhaften Prüfung ist sie dennoch im Frieden.[120] Therese hat alles getan, was in ihrer Macht lag, und hat ihr Ziel nicht erreicht. Bis jetzt hat sie an ihrer Schwäche gelitten, jetzt leidet sie an den Ratschlüssen Gottes. Trotz alledem kann Therese ein halbes Jahr später, am 9. April 1888, in den Karmel von Lisieux eintreten.

C. Im Karmel

An Selbstbewusstsein mangelte es Therese nicht. Sie meinte, schon weit in der Vollkommenheit fortgeschritten zu sein, als sie in den Karmel eintrat. „*Zu Beginn meines geistlichen Lebens, als ich etwa 13 bis 14 Jahre alt war, fragte ich mich, was ich wohl später dazu erwerben könnte, denn ich hielt es für unmöglich, dass ich die Vollkommenheit noch besser zu erfassen vermochte.*"[121] Aber im

Karmel begegnete Therese auf vielfache Weise dem Leiden. Sie ging, wie sie sagt, ohne Illusion in den Karmel.[122] Therese leidet unter der Einsamkeit, der strengen Abtötung, dem wenigen Schlaf, der Armut und der Kälte.[123] Dies alles ermutigt Therese am Anfang, denn sie hat diesen Weg mit Freude gewählt und weiß sich darum sicher auf dem Weg zu Gott.[124] Eine Schwierigkeit, die vorher nicht in dem Maße abzusehen war, ist das Zusammenleben in der Kommunität: dieselben Personen, dieselben Gesichter, dieselben Charakterschwächen, ein ganzes Leben hindurch zu ertragen.[125] Es hilft ihr nichts, die Schwestern zu 'belehren', denn die Fehler sind chronischer Art und müssen ertragen werden.[126]

1. Krankheit des Vaters

Schon bald nach dem Eintritt seiner jüngsten Tochter unternimmt Herr Martin einen 'Fluchtversuch'[127]. Es ist der Beginn einer geistigen Umnachtung, die sich immer mehr verschärft. Arteriosklerose haben bei ihm katastrophale psychische Folgen. Hinzu kommen noch Schlaganfälle. Es ist eine schwere Prüfung und eine Demütigung für die ganze Familie, besonders für Therese, da sie sehr an ihrem Vater gehangen hat und ihr vorgeworfen wird, dass sie Schuld am Zustand des Vaters habe, da sie, die jüngste, seine 'Königin'[128], ihn verlassen habe. Herr Martin war für Therese ein Abbild Gottes und das größte Vorbild der Heiligkeit.[129] In einem Brief an ihren Vater heißt es: *„Wenn ich an Dich denke, mein geliebtes Väterchen, dann denke ich ganz von selbst an den lieben Gott."*[130]

Als Therese denkt, *nicht noch mehr leiden zu können,*[131] schreibt sie an ihre Schwester Celine: *„Wenn man bedenkt: Gäbe uns der liebe Gott das ganze Weltall mit all seinen Schätzen, es wäre nicht zu vergleichen mit den geringsten Leiden. Welche Gnade, wenn wir uns* *am Morgen ohne Mut, ohne Kraft fühlen, um die Tugend zu üben. [...] Statt seine Zeit damit zu verlieren, ein paar Strohhalme aufzulesen, schürft man Diamanten. Welcher Gewinn am Ende des Tages...*"[132] Therese resigniert nicht vor dem Leid, sie nimmt es an und zieht Nutzen daraus. Sie sieht es aus der Perspektive des Glaubens. Wenn die Menschen bei Gott in der Vollendung sind, werden sie gerne über die dunklen Tage ihres Lebens sprechen.[133] Aus der Perspektive der Vollendung ist das Leiden keine Strafe Gottes, sondern ein Zeichen der Auserwählung.[134] Gott schenkt es jenen, die seine besonderen Freunde sind.[135] Ebenso ist es ein Mittel der Mitarbeit an der Erlösung.[136] Aber dennoch trägt das Leiden einen 'Heiligenschein'.[137] *„Die Heiligkeit besteht darin zu leiden und an allem zu leiden."*[138] Heiligkeit ist hier für Therese etwas, das zu 'erwerben' ist.

Dennoch fällt es Therese sehr schwer, dieses Kreuz zu tragen. Ob sie Gott wie Hiob angeklagt hat, ist nicht zu beweisen,[139] aber sie schreibt über diese Zeit den bedeutungsvollen Satz: *„Ich hatte damals große innere Prüfungen aller Art (die so weit gingen, dass ich mich manchmal fragte, ob es einen Himmel gebe)."*[140] Aber genauso sind für Therese diese drei Leidensjahre des Vaters die liebenswertesten und fruchtbarsten ihres ganzen Lebens.[141] Während der Krankheit des Vaters tritt Therese in eine weitere Entwicklungsstufe ihrer Hingabe ein: „in den Übergang von einem traditionellen zu einem persönlich vollzogenen und verantworteten Glauben".[142] Therese ist eine 'kleine Denkerin', die den Glauben persönlich reflektiert und gutheißt. Die Worte „suchen", „finden" und „verstehen" kommen allein in der Autobiographie 327 Mal vor. Sie ist kritisch und realistisch.[143] Es ist leicht, schöne Dinge über das Leiden zu schreiben,[144] wenn es aber zu erschlagen droht, dann ist es meistens aus. Therese leidet daran, das Kreuz nicht gut zu tragen und so vielleicht den lieben Gott zu enttäuschen. Sie erkennt aber, dass es ein noch größeres Geschenk ist, das Leiden in Schwachheit anzunehmen. *"Welche unaussprechliche Freude, unser Kreuz schwach zu tragen."*[145]

Die Resignation vor dem Leid ist keine Schande. Therese nimmt sich Jesus zum Vorbild, er litt auch in Schwachheit und Schmerzen. *"Entsinnen Sie sich der Worte des Paters: 'Die Märtyrer litten mit Freuden, der König der Märtyrer mit Traurigkeit.' Ja, Jesus hat gesagt: 'Vater, nimm diesen Kelch weg von mir.'"*[146] – *"Es ist sehr tröstlich zu denken, dass Jesus, der starke Gott, unsere Schwachheiten erfahren hat, dass er beim Anblick des bitteren Kelches erbebte, jenes Kelches, den er zuvor so glühend zu trinken verlangt hatte."*[147] Für Therese wird das Leiden immer mehr zu einer Goldmine, besonders das Leiden ohne Trost.[148]

2. Trockenheit

Therese hat sich auf die Einsamkeit im Karmel gefreut, um ungestört für das Gebet da zu sein. Doch seit dem Tag ihres Eintritts, in den von ihr so sehr geliebten Karmel, war ihr Gebet von Trockenheit[149] und Schläfrigkeit begleitet.[150] Hatte sie doch zu Hause Momente wirklicher Gotteserfahrung.[151] Während ihrer Einkleidungsexerzitien im Januar 1889 schrieb sie: *"Nichts ist von Jesus wahrzunehmen: Trockenheit und Schläfrigkeit."* Das war ihr 'bitteres' Los für den Rest ihres Lebens. *"Die Trockenheit war mein täglich Brot."*[152] Bei den Professexerzitien schrieb sie: *"Aber die Exerzitien, die ich mache, verstehe ich nicht. Ich denke an nichts. Mit einem Wort, ich bin in einem dunklen unterirdischen Gang."*[153]

Für eine junge Novizin bedeutet dies ein harter Schlag, der sie aus der Bahn werfen kann. Denn oft wird der 'Erfolg' im geistlichen Leben an der Freude im Gebet gemessen. Die Trockenheit ist nicht das einzige Problem beim Gebet, sondern dazu kommt noch der

Schlaf, der sie während der Zeit der Betrachtung überwältigt.[154] Eigentlich müsste sie traurig darüber sein, aber durch ihre Liebe und ihr kühnes Vertrauen überwindet sie die Schwierigkeiten und hält die Flamme der Liebe weiterhin brennend. Ihr Trost war es, keinen Trost zu haben.[155]

Therese überwand ihre Trockenheit durch die Treue. Beim Beten wurde sie weder untätig noch verzagt, sondern sie bemühte sich mit Heroismus, die Ordensregel treu zu beachten und täglich zwei Stunden betrachtend zu beten. Um nichts auf der Welt wollte sie die Zeit abkürzen, die sie, ohne Jesus zu verspüren und im Kampf gegen den Schlaf, zubrachte. Den Schlaf versuchte sie, einfach durch Lesen zu verhindern.[156] Therese hat eine eigene Strategie entwickelt, wie sie dennoch aus dem Schlaf und der Trockenheit die Ruhe behielt und sogar noch Nutzen daraus ziehen konnte. Sie behält das Vertrauen und meint, dass die Eltern die Kinder genauso lieben, wenn sie schlafen.[157] Die Gefahr des sich „Gehen-Lassens" überwindet sie dadurch, dass sie die Verantwortung für den Schlaf auf Gott zurückführt.[158] Sie ist sich bewusst, alles getan zu haben. Der Schlaf ist nicht das Werk der Eltern, sondern „ist ein Werk des Schöpfers".[159] Darum macht sich Therese nicht den Vorwurf der Untreue. Gott kennt ihre Schwachheit, „deshalb behandelt er uns auch mit soviel Barmherzigkeit".[160] Therese machte so die Erfahrung, dass Beten nicht nur eine Sache des Menschen, sondern auch eine Sache Gottes ist.

Den Zustand der Trockenheit beschreibt Therese mit dem Bild des schlafenden Jesus im Boot während des Seesturmes nach Mk 4,38.[161]

„Aus Liebe leben, solange Jesus schlummert,
Das schenkt die Ruhe auf den stürmischen Wellen.
O fürchte nicht, Herr, dass ich Dich wecke;
Ich erwarte im Frieden das Ufer des Himmels..."[162]

Therese möchte Jesus nicht wecken, d.h., sie ist mit der Trockenheit einverstanden, sie ist zufrieden, wenn Jesus zufrieden ist. Und wenn Jesus sich ausruhen möchte, soll er es tun.[163] Therese weiß um Jesus, und Jesus weiß um Therese, das genügt. Das geistliche Leben ihrer Umwelt spielt sich weitgehend in der Eigenwelt von Tröstungen und Trockenheit, Versuchungen und Erleuchtungen ab.[164] Ein sehr großer Schritt auf dem Weg zur Hingabe ist die Überwindung der gefühlsbetonten Frömmigkeit. Das ist der Anfang der selbstlosen Liebe.[165] Der Verzicht hat nur Sinn als Ausdruck der Liebe. Wenn nun Therese aus Liebe auf die eigene 'Gefühlsbefriedigung' verzichtet,[166] ist das wirkliche Askese.[167] Die Liebe ist völlig selbstlos. Aus der 'Gefühllosigkeit' macht Therese einen Indikator der Liebe. Je selbstloser der Mensch, umso größer ist seine Liebe.[168] Der innere Frieden, den sie dadurch gewinnt, bestätigt ihre Erkenntnis.

Die Leidensliebe, die P. Pichon und Pauline Therese lehrten, war darauf aus, alles geistliche Tun als Unterwerfung unter Gottes Willen zu betrachten. Diese Unterwerfung wird aber als Verdienst verstanden. Alles ertragene Leid gibt einen Verdienst, den es zu sammeln gilt, um so „aus einer anonymen Masse hervorzutreten"[169]. Diese Spiritualität setzt einen selbstbewussten Menschen voraus, der im Opfer seine eigene Willenskraft erfährt.[170] Thereses Willensstärke und ihr Selbstbewusstsein sind durch ihre Trockenheit sehr bedroht. Sie ist so tief erschüttert, dass sie am Vorabend ihrer Profess daran denkt, aus dem Kloster auszutreten.[171] Das frühe 'Leistungsdenken' der Liebe, der Wunsch, den Weltrekord der Liebe aufzustellen,[172] erfährt in der Trockenheit des Gebetes eine erste Revision. Die Liebe wird realistischer.

3. Das Heilige Antlitz

Am 10. Januar 1889, dem Tag ihrer Einkleidung, nennt Therese sich zum ersten Mal 'Therese vom heiligen Antlitz'. Die Passion Christi wird zu einer Schlüsselerfahrung Thereses. „Als das Idealbild ihres Vaters in seinem geistigen Verfall jede Sichtbarkeit verliert, entdeckt Therese darin mit Hilfe des verkannten Gottesknechtes von Jes 53 ein Jesusbild, das ihre Lähmung zu überwinden hilft."[173] Nur jenseits aller Bemitleidung und allen Schweigens kann sie Jesus finden.[174] Sie betrachtet und verehrt gerne das schmerzhafte Antlitz Jesu, in dem *die Geheimnisse der Liebe verborgen sind.*[175] Im leidenden Angesicht Jesu sieht Therese, dass der Vater seinen Sohn nicht vor dem Leiden bewahrt hat. Jesus hat das Leiden in Liebe angenommen und hat so im Tod das Leben geboren. Das unbegreifliche Geheimnis des Todes wird so nicht sinnlos und steht nicht mehr im Widerspruch zur Liebe Gottes. Das Leiden bekommt eine christlich-christologische und spirituelle Ausrichtung.[176] Christus ähnlich werden, heißt, dem Leidenden, dem Schmerzensmann, ähnlich werden und ihm nachzufolgen.[177] Sie erfährt liebende Zuneigung und Solidarität in den Augenblicken verborgenen Leidens.[178] „Christus nachfolgen heißt, das innere Wesen des Kreuzes annehmen, die radikale Liebe, die sich darin ausdrückt."[179]

Therese sieht im leidenden und weinenden Antlitz Jesu den vollkommenen Ausdruck seiner Liebe zu ihr und im Leiden einen Lobgesang für den Himmel.[180] Die bewusste Annahme des Kreuzes macht den Menschen Christus ähnlich, einmal durch die Schmerzen, dann durch den Willen, Jesus zu trösten und schließlich durch den Wunsch, mit Christus für die Menschen zu sühnen.[181]

Die Verehrung des Heiligen Antlitzes löst das Ertragen der Kindeslaunen Jesu ab. Diese neue Spiritualität Thereses ist nicht darauf aus, die unverständlichen Leiden des Alltags auszuhalten, sondern sich mit dem leidenden Gottesknecht zu vereinen. Es ist nicht nur eine Einheit des Willens,[182] sondern auch des Leidens. Das Leiden macht dem leidenden Christus ähnlich.

4. Weihe an die Barmherzige Liebe

In den Jahren von 1888 bis 1892 hatte sich Therese noch selber besonders um die Demut bemüht, einem Klein-Sein[183] im Umgang mit den Mitschwestern. Sie suchte nicht die Beachtung von Menschen, um nur von Jesus gesehen zu werden, damit ihre Liebe zu Ihm reiner und größer sei. Die Zeit von 1893 bis 1894 ist charakterisiert durch die Entdeckung der spirituellen Armut. Therese überlässt sich mehr dem Handeln Gottes und erwartet, „dass Gott die Ohnmacht ihrer Liebe durch die Kraft und die große Freigebigkeit in Seiner Liebe ausgleicht"[184]. Am 6. Juli 1893 taucht bei ihr ein neues Wort auf: „*die Hingabe*"[185]. Die Hingabe wird zu einer Frucht der Gottesbeziehung und nicht, wie es im Noviziat war, eine Folge der Prüfungen. Die eigene Tätigkeit steht nicht mehr im Vordergrund. Therese entdeckt, dass Passivität und Aktivität direkt proportional sind.

Am Dreifaltigkeitssonntag, dem 9. Juni 1895, weiht sich Therese als *Ganz-Brandopfer der Erbarmenden Liebe*,[186] denn klarer als je zuvor erkennt sie: Sie will sich Gott ganz hingeben. „*Ich dachte an jene Seelen, die sich der Gerechtigkeit Gottes anbieten, um die über die Sünder verhängten Strafen abzuwenden und auf sich zu lenken.*"[187] Im Karmel von Lisieux hatten sich schon einige Schwestern nach dem Vorbild der hl. Margaretha Maria Alacoque der Gerechtigkeit Gottes geweiht: Sr. Marie vom Kreuz und die von Therese sehr geschätzte Mutter Genevieve[188]. Therese selber geht aber klar auf Distanz: „*Diese Aufopferung erschien mir groß und hochherzig, doch fühlte ich keine Neigung, ein Gleiches zu tun."*[189] Therese hält äußerlich noch an den Vorgaben der strengen Gerechtigkeit Gottes fest, doch sie hat erfahren, dass Jesu Liebe keine Bedingungen stellt.[190]

Die Hingabe Thereses an die Barmherzige Liebe bildet einen Höhepunkt ihrer Erkenntnis. Sie erreicht eine Geisteshaltung, die Franz von Sales „hl. Gleichmut"[191] oder Ignatius von Loyola „Indifferenz"[192] nennt.

Als Therese Ende 1895 ihr Manuskript A abgeschlossen hat, bemerkt sie dabei, dass ein Herzenswunsch nicht mehr vorhanden ist: das Verlangen nach Leiden. *„Ich begehre auch nicht mehr nach dem Leiden oder dem Tod."*[193] War das Leiden für sie nicht der größte Ausdruck der Liebe? Sie hatte eine glühende Sehnsucht nach dem Kreuz und verstand das Leiden als ein Privileg. Jetzt verzichtet sie auf diese Bevorzugung.[194] Für Therese ist das Kreuz immer noch kostbar, aber bei ihr hat sich die Einstellung geändert. Therese hat erkannt, dass sie das Leiden gewollt hat und sich danach sehnte.[195] Nun will Therese ganz nach dem Willen Gottes leben. Sie möchte nicht nur das Leiden annehmen, sondern sich auch über die Freude freuen.

Das Wesen dieser Weihe an die barmherzige Liebe ist die vollkommene Hingabe. Durch die Hingabe wird nicht nur die Annahme des Leidens als eine erlösende Tat verstanden, sondern alles, was aus Liebe getan wird.[196]

Therese gelangt durch reine Irrationalität zur Indifferenz im Gegensatz zu Ignatius. Ihre leidenschaftliche Liebe wird farblos. Das ist das 'Mittel' Gottes, um Therese über die „Klippe einer nicht indifferenten Leidensliebe hinwegzuhelfen"[197]. Therese wählt nichts mehr, auch nicht das Leiden. Gott wählt, und sie nimmt jede Wahl an. *„Ich verlange weder den Tod noch das Leben; ließe der Herr mir die Wahl, so würde ich gar nichts wählen; ich will nur, was er will;*

ich liebe nur, was er tut."[198] – *„Das Einzige, was mich befriedigt, ist, den Willen Gottes zu tun."*[199] Besonders in ihrer Krankheit zeigt sie, dass sie den Weg der Liebe nicht nur erkannt, sondern auch verstanden hat.[200]

Für Therese ist es Gott, der wünschen lässt und die Wünsche erfüllt.[201] *„Und wollte er es nicht, wie hätte er dann ins Herz seiner Bräute ein Sehnen gelegt, das er nicht zu stillen vermöchte."*[202]

Therese ist nun davon überzeugt, dass die Fruchtbarkeit nicht nur aus dem Leiden hervorgeht, sondern auch aus der Freude kommen kann, wenn es aus Liebe geschieht.[203] Das gibt ihr einen tiefen Frieden, trotz aller Schwierigkeit.[204] Aus der Haltung der Hingabe heraus sagt Therese: *„Wahrhaftig, ich bin allzu glücklich, ich tue stets meinen Willen"*, weil ihr Wille *„der heilige Wille Jesu ist."*[205] Sie ist sich bewusst, dass ihre Haltung der Liebe nicht Leistung, sondern Geschenk ist. Aber zugleich ist sie davon überzeugt, dass jeder zu dieser Hingabe berufen ist.

Die entblätterte Rose wird für Therese zu einem Sinnbild, um die vollkommene Hingabe und das Wesen ihrer Sendung zu beschreiben. Sie will sich entblättern, sich bis zur Unkenntlichkeit hingeben, um Jesus Freude zu bereiten. Sie ist in ihrer Hingabe konsequent, ohne 'happy end'. Sie will sich nicht nur verschenken, um am Ende den Himmel zu verdienen, sondern sie will geben, ohne etwas zu erwarten.[206] Ihre Hingabe ist absolut selbstlos. Dieses absolute Vertrauen ist der Kern ihrer Sendung.

Was Therese über die höchste Form der Liebe, die Hingabe, erkannt hat, das wird in ihrer Glaubensnacht auf eine harte Probe gestellt.

5. Die Glaubensnacht

Für Therese ist der Glaube so lebendig, dass sie nicht versteht, wie es Menschen geben kann, die nicht glauben können. Sie meint, es spräche *„gegen ihre bessere Erkenntnis, wenn sie die Existenz des Himmels leugneten".*[207]

Doch erfährt Therese in der Osterzeit 1896, *„dass es tatsächlich Seelen gibt, die den Glauben nicht haben".*[208] Sie geht selber mit Äußerungen zur Glaubensnacht immer äußerst vorsichtig um. Sie hat ihre Nacht als eine Prüfung und Reinigung verstanden, als den Ernstfall des 'kleinen Weges'. Was aber hat Therese erlebt? Es drängen sich Therese Gedanken gegen den Glauben auf, gegen die sie sich nicht wehren kann.

„Doch plötzlich verdichten sich die Nebel um mich her, sie dringen in meine Seele ein und umhüllen sie derart, dass ich in ihr das liebliche Bild meiner Heimat nicht mehr wiederzufinden vermag, alles ist entschwunden! Suche ich Ruhe für mein durch all die Finsternis ringsum ermattetes Herz in der Erinnerung an das lichtvolle Land, nach dem ich mich sehne, so verdoppelt sich meine Qual; die Stimme der Sünder annehmend, scheint die Finsternis mich zu verhöhnen und mir zuzurufen: 'Du träumst von Licht, von einer mit lieblichsten Wohlgerüchen durchströmten Heimat, du träumst von dem ewigen Besitz des Schöpfers all dieser Wunderwerke, du wähnst eines Tages den Nebeln, die dich umfangen, zu entrinnen! Nur zu, nur zu, freu dich über den Tod, der dir geben wird nicht, was du erhoffst, sondern eine noch tiefere Nacht, die Nacht des Nichts.'"[209]

Im Lauf der 18 Monate verschlimmerte sich die Glaubensnacht im ständigen Auf und Ab.[210] Zu dieser Glaubensnacht[211] kamen blasphemische Gedanken und Versuchungen hinzu, über deren Inhalt Therese schweigt.[212] Sie beschreibt ihren Zustand mit den Begriffen, '*eine Mauer bis zum Himmel*', '*Tunnel*', '*Nebel*', '*Nacht*', '*Finsternis*'.[213] Sie hat kein Gefühl der Glaubensgewissheit und der Freude am Himmel. So ist ihr Weg des Vertrauens und der Liebe bis aufs äußerste geprüft. Therese hat das Empfinden für den Glauben verloren, jedoch nicht den Glauben selber.[214] Dennoch ist sie im Grunde ihres Herzens im Frieden.[215] Nur der Hausgeistliche und Mutter Marie de Gonzague[216] wussten von ihren Glaubensnächten. Auf ihre Umgebung macht sie den Eindruck, als sei sie „*eine von Tröstungen erfüllt Seele [...], für die der Schleier des Glaubens beinahe schon zerriss*".[217] In dieser „Dunkelheit" schreibt Therese die Manuskripte B und C über die Liebe und das Apostolat. In dieser Situation entdeckt Therese ihre Berufung. „*MEINE BERUFUNG IST DIE LIEBE!*"[218] Ihre Gedichte offenbaren keine Spur von der Glaubensnot, die sie durchlebt. Ihr Leben ist mehr als eine perfekte Selbstbeherrschung. Sie verzweifelt nicht und verliert nicht den Glauben. „*Hätte ich nicht den Glauben gehabt, ich hätte mich umgebracht, ohne einen Augenblick zu zögern.*"[219] Sie sagt selber über ihre glaubensfrohen Gedichte: „*Ich besinge einfach, was ICH GLAUBEN WILL.*"[220] Therese hat solche Anfechtungen und Ängste um den Glauben, dass sie mit Blut das Glaubensbekenntnis aufschreibt und diesen Zettel immer bei sich auf dem Herzen trägt.[221] Dennoch lässt sie willentlich nie vom Vertrauen und der Liebe ab. Sie weiß, dass sie früher die Kraft dazu nicht gehabt hätte.[222] „Die Glaubensnacht ist für sie vor allem eine Bewahrheitung des kleinen Weges."[223] Am 3. August 1897 schreibt sie an Sr. Genevieve:

„*O mein Gott, wie mild bist du mit dem kleinen Opfer deiner Barmherzigen Liebe! Sogar jetzt, da du zu den Prüfungen der Seele das äußere Leiden hinzufügst, kann ich nicht sagen: 'Ängste des Todes umgeben mich' (Ps 18,5), sondern ich rufe in meiner Dankbarkeit: 'Ich bin hinabgestiegen in das Tal des Schattens und des Todes, doch ich fürchte kein Übel: denn du, Herr, bist bei mir!'*

(Ps 23,4)"[224] Therese versucht in allem Leiden, nicht vom Vertrauen abzulassen. Auch in der Angst vor dem Nichts ist sie glücklich zu sterben, weil es der Wille Gottes ist, nicht wegen der Hoffnung auf Belohnung.[225]

Therese durchbricht in ihrer Glaubensnacht endgültig eine romantische 'Gefühlsspiritualität' und die Vorgaben ihrer Umwelt.[226] Für Therese heißt lieben, das zu wollen, was Gott will,[227] auch in einer für das Gefühl scheinbaren Verborgenheit Gottes. Hier zeichnet sich in Nüchternheit und Weltzugewandtheit eine moderne Spiritualität ab.[228] Hier wird die Hingabe – die vollkommene Liebe – realisiert. Sie nimmt Maria als Vorbild für das Verhalten in der dunklen Nacht des Glaubens und beschreibt in ihrem Gedicht, *'Warum ich dich liebe, o Maria'*, wie Maria mit dieser Angst umgegangen ist, und dass es ein Glück bedeutet, aus Liebe zu leiden.[229] Therese bleibt auch in dieser Nacht im Frieden, weil sie ganz auf den Willen Gottes vertraut. Sie weiß, nicht dem Gefühl nach, sondern nur aus der Vernunft, dass sie jeden Moment ihres Lebens aus den Händen Gott empfängt und dass auch ihre Glaubensnacht ein Anruf Gottes ist. Sie ist froh, weil es nach dem Willen Gottes geschieht.

Therese durchlebt nun diese Stufe der Liebe im Leiden. Sie hat keine Freude mehr daran zu leiden, sondern sie hat Freude daran, den Willen Gottes zu tun. Wenn er sich im Leiden zeigt, ist es das Leiden, wenn er sich in der Freude zeigt, ist es die Freude.

„*Wenn der blaue Himmel dunkel wird*
Und mich im Stich zu lassen scheint,
Ist es meine Freude, im Schatten zu bleiben,
Mich zu verbergen, mich zu verdemütigen,
Meine Freude, das ist der heilige Wille
Jesu, meiner einzigen Liebe.

So lebe ich ohne jede Furcht.
Die Nacht liebe ich ebenso wie den Tag."[230]
Sie ist sich ihrer Verbundenheit mit dem Willen Gottes so gewiss, dass sie in unglaublicher Kühnheit sagen kann: „*Ich sehe nicht recht, was ich nach dem Tod über das hinaus noch bekommen sollte, was ich schon in diesem Leben habe. Ich werde den lieben Gott sehen, das ist wahr! Aber mit ihm vereinigt, das bin ich schon vollkommen auf dieser Erde!*"[231]

Die Nacht hat Therese das Vertrauen gelehrt, das sie zur vollkommenen Liebe geführt hat.[232]

6. Aus Liebe sterben

Ein Zeichen ihrer großen Hoffnung und Sehnsucht nach dem Himmel ist das Ereignis in der Nacht zum Karfreitag, dem 03. April 1896. Nachdem Therese bis Mitternacht am Grab Jesu in der Kapelle gebetet hatte, ging sie zu Bett. Als sie das Licht gelöscht hatte, musste sie aufstoßen. Sie vermutete, dass es Blut war, doch wollte sie, um nachzusehen, bis zum Morgen warten. Der Gedanke, zu sterben, erfüllte sie mit Freude. Am Morgen wachte sie auf und sah nach. Es war der erste Blutsturz der Tuberkulose.[233] Ein Jahr lebt sie in der Kommunität ohne jede Einschränkung. Nur Mutter Marie de Gonzage und Schwester Marie de la Trinite wissen von dem Vorfall. Bis April 1897 ahnen die Schwestern nicht, wie ernst Therese erkrankt ist. Erst am 18. Mai wird sie von allen Arbeiten entbunden. Am 8. Juli kommt sie auf die Krankenstation. Therese stirbt am 30. September 1897 nach langem und schmerzhaftem Leiden.[234] „*Nie hätte ich gedacht, dass man so viel leiden kann!*"[235]

Aus Liebe zu sterben, das war der größte Wunsch Thereses.[236] „Der Tod ist für sie die letzte Anfrage der göttlichen Liebe."[237] Sie wollte immer Märtyrerin werden. Schon bei ihrem Besuch des Kolosseums in Rom bat sie Jesus um diese Gnade.[238] „Es gibt keine größere Liebe, als wenn einer sein Leben für seine Freunde hingibt." (Joh 15,13) Therese strebt nach der vollkommenen Liebe. Der Liebestod ist kein Sterben in Verzückung, sondern der Liebestod ist der Tod des Herrn am Kreuz.[239] Denn Liebe ist Hingabe, und die Hingabe ist ein ständiges Sterben im Kleinen. *„Betrübt Euch nicht, Mutter, wenn ich vieles zu leiden habe und auch in den letzten Augenblicken keinerlei Zeichen der Freude mehr geben sollte. Ist denn unser Herr nicht auch als Opfer der Liebe gestorben? Und doch, wie war sein Todeskampf beschaffen!"*[240]

Therese hatte sich darauf gefreut, aus Liebe zu sterben. Jetzt, in der Glaubensnacht reden ihr schreckliche innere Stimmen ein, dass all ihre Sehnsucht, ihr Leiden und ihr geistliches Leben nichts als Illusionen waren. Das einzige, was ihr blieb, war: Sie wird jung sterben, und zwar für nichts.[241] Aber sie steht ganz auf der Ebene des Willens. Für Therese besitzt deshalb die Hingabe den Wert eines Martyriums.

II. Teil
Systematische Darstellung

A. *Das Leid als Realsymbol der Liebe (Theologische Grundlegung)*

Das Leben und die Lehre der hl. Therese stellen einen einzigen Weg der Liebe dar. Die Liebe ist die Herzensmitte ihrer Botschaft. Aus dieser Perspektive deutet sie alles. Selbst Bedeutungsloses und Unvereinbares macht sie sich durch die Liebe zunutze. Wie wir in der historischen Entwicklung gesehen haben, war auch Therese einem Wachstumsprozess unterworfen. Wie sie im Verständnis der Liebe wächst, so wachsen auch ihre Einstellung und ihre 'Lehre' vom Leiden. *„Glauben wir nicht, dass wir lieben können, ohne zu leiden, ohne viel zu leiden."*[242]

Das Leiden ist Ausdruck der Liebe.[243] Es ist ein Realsymbol[244] der Liebe, aber nicht die einzige Möglichkeit, der Liebe Ausdruck zu geben. In dieser Hinsicht hat sich in ihr ein Wandel vollzogen. Von ca. 1886 bis zur Weihe an die Barmherzige Liebe (1895) hat sie das Leiden als Ausdruck der Liebe verabsolutiert und selber das Leiden gesucht.[245] Danach hat sie ihre Leidenssehnsucht relativiert. Sie hat alles, die Freude wie das Leid, als Ausdruck der Liebe verstanden. Das zeigt sich besonders in ihren Schriften. Dort finden wir das Wort Liebe 360 Mal.

1. Glaube als Voraussetzung

Die wichtigste Grundlage dafür, dass das Annehmen des Leidens Ausdruck der Liebe ist, ist der Glaube:[246] Der Glaube an den Gott, der die vollkommene Liebe ist. Therese ist davon überzeugt, *„dass Gott allein der einzige vollkommene Gegenstand ihrer Liebe zu sein vermag"*[247]. Sie ist sich sicher, dass Gott der Grund ihrer Sehnsucht ist.[248] In ihrem Gedicht „An das heiligste Herz Jesu" bringt sie diese Sehnsucht zum Ausdruck:

„Ich brauche ein Herz, das von Zärtlichkeit brennt,

Das meine Stütze bleibt ohne jedes Zurück,

Das alles in mir liebt, selbst meine Schwäche,

Das weder bei Tag noch bei Nacht mich verlässt.

Ich habe kein Geschöpf finden können,

Das mich immer liebte, ohne je zu sterben.

Ich brauche einen Gott, der meine Natur annimmt,

Der mein Bruder wird und leiden kann."[249]

Hier zeigt sich, wie froh Therese ist, glauben zu dürfen, denn der Glaube befähigt sie zur Liebe.[250]

Die Voraussetzung der Liebe ist die Sehnsucht, und das Ziel der Sehnsucht ist die Liebe.[251] Die Sehnsucht nach Lebenssinn ist der Antrieb des Suchens. Therese sehnt sich auch nach Anerkennung, nach Zärtlichkeit, nach Verstandenwerden, nach Geborgenheit. Dies alles ist nichts anderes als das Verlangen nach Erfüllung, nach Heil. Doch hat ihr die Erfahrung gezeigt, dass sie sich nicht völlig auf Menschen verlassen kann,[252] da sie oft enttäuscht worden ist.[253] Ein vergängliches Leben kann Therese nicht befriedigen. Ein Leben, das endet, kann nicht Erfüllung sein.[254] Die menschliche Liebe ist immer unvollkommen, und alles Geschaffene ist immer kleiner als das Herz des Menschen.

Die Sehnsucht Thereses ist so groß, dass sie für Gott alles vollbringen möchte, was es nur zu vollbringen gibt. Sie will Gott über alles lieben und will für Gott alles Denkbare tun. Kreuzfahrer, Priester, Märtyrer, Prophet, Kirchenlehrer und Missionar alles will Therese sein und will sich nicht nur mit „einer" Berufung zufrieden geben. Sie möchte alle guten Taten der Vergangenheit, Gegenwart und Zukunft für Gott und aus Liebe zu ihm vollbracht haben.[255] Diese Gedanken könnte man leicht als schwärmerisch und sentimental verwerfen, aber Therese schreibt aus einem Zustand des 'Verliebtseins'. Therese findet im ersten Korintherbrief[256] eine Antwort auf ihr Sehnen. Paulus schreibt, dass die Kirche aus verschiedenen Gliedern besteht und dass nicht alle zugleich Apostel, Propheten oder Lehrer sein können. Das ist zunächst eine Mahnung zur Demut für Therese, will sie doch alles sein. Sie lässt sich aber nicht entmutigen und liest das Hohe Lied der Liebe. Die vollkommensten Gaben sind nichts ohne die Liebe. Alle Handlungen des Menschen bekommen ihren Wert dadurch, dass sie mit Liebe getan werden. Sie möchte alles vollbracht haben; und weil sie weiß, dass es möglich ist,[257] findet sie schließlich, was sie gesucht hat, die Liebe. Die Liebe ist das Herz der Kirche. Ohne die Liebe würde in der Kirche nichts geschehen, keiner würde das Evangelium verkünden, und niemand würde es wagen, sein Leben für Gott und die Menschen zu 'verlieren'. Therese ist davon überzeugt, dass die Liebe alle Berufungen einschließt, d.h., wer liebt ist alles: gleichzeitig Priester, Prophet, Märtyrer und Mutter. Die Liebe schließt alle Zeiten und Orte ein. Die Liebe ist ewig.[258]

Die Sehnsucht nach Gott ist das Fundament, der Antrieb und der erste Schritt Thereses zum geistlichen Leben und zum Glauben. Die Sorge um den Herrn wird zum Wesen der Heiligkeit.[259] Nur Gott kann im letzten die Sehnsucht stillen.[260] Die für die Unendlichkeit geschaffene Seele vermag nichts auf der Welt zufriedenzustellen. Sie verlangt nach Gott.[261]

Ohne den Glauben, dass der Mensch auf Gott hin geschaffen ist und nur Gott ihn ganz glücklich machen kann, ist das Verhältnis der kleinen Therese zum Leid nicht zu verstehen.

2. In der Annahme des Leidens realisiert sich die Liebe

Therese weiß, dass die Liebe das größte ist, zu dem der Mensch fähig ist, dass die Liebe die Verwirklichung der größten Freiheit des Menschen ist und dass sie um nichts in der Welt erkauft, erzwungen oder sonst auf irgendeine Art verdient werden kann.[262] Darum ist der Preis der Liebe der Liebende selber.[263]

Für Therese sind Begriffe wie Opfer und Liebe durchaus synonym zu verstehen.[264] Wenn man das, was Opfer verlangt, für einen andern tut, dann ist das ein Beweis großer Liebe. Therese betrachtet aus verschiedenen Perspektiven das Leiden um des Geliebten willen. Jesus ließ Therese, wie sie selber sagt, alle Leiden begreifen. Er zeigte ihr, dass das Opfer Ausdruck der himmlischen Liebe wird.[265]

Das Annehmen des Leidens ist nicht nur ein Beweis der Liebe, es bewirkt auch ein Wachsen in der Liebe. Das Leiden transzendiert den Menschen und verweist ihn auf das Du. Das Annehmen des Leidens ist eine Überwindung des Egoismus.[266] Und so reinigt es von der Sünde.[267]

Therese handelt in den Leidenssituationen aus dem Verstand. Selbst da, wo sie früher noch mit dem Gefühl der Freude leiden konnte, weil der Gedanke, es für und mit Gott zu tun, Freude bereitete, leidet sie in der Glaubensnacht aus dem Willen zum Glauben. Das ist der Moment selbstloser Liebe. Weil sie weiß, dass dieser Liebeserweis der größtmögliche ist, ist sie trotzdem in der

Freude. Gegenstand der 'vollkommenen Freude' ist, in der dunklen Nacht des Glaubens auszuharren.[268]

Für Therese ist auch das Leiden an Ängsten, an Unverstandensein der Mitmenschen, an Schmerzen der Seele, Ausdruck der Liebe (Realsymbol der Liebe). *„Lieben wir ihn so, dass wir alles für ihn erleiden."* [269] Sie liebt Gott durch ihr Leiden. Sie schöpft ihre Kraft aus der Gegenliebe und erwartet Gottes Antwort: „Nun ist es an Mir."[270] Diese Hoffnung wird zur Triebfeder all ihrer Opfer.

Für Therese hat das Reich der Liebe seine eigenen Gesetze. *„Sie sind dem natürlichen Herzen fremd."* Die Annahme des Leidens als Ausdruck der Liebe scheint sich gegen die Vernunft zu richten. Aber in der Liebe ist alles Müssen nur der äußere Zugang zum Dürfen,[271] alle Gebote sind nur Einübungen in die Wünsche der Liebe. Für den Liebenden sind die Wünsche zwingender als das ehernste Gebot.[272] Weil Jesus die Inkarnation der Liebe ist, erfüllt er den Willen des Vaters in vollkommener Weise. Sein Wunsch ist ihm Gebot. Alle Liebenden nehmen freiwillig das Gesetz der Liebe auf sich. Sie unterziehen sich freiwillig einer 'Knechtschaft', die für den Nichtliebenden nicht zu verstehen ist. Die Gesetze der Liebe scheinen außerhalb der Liebe unvernünftig. Sie sind: Schenken, Leiden und unbedingt Leiden, solange ein anderer leidet.[273] Der Liebende hat aber selber reichen 'Gewinn', obwohl der 'Preis' der Liebe er selber ist; nämlich die Erfüllung seines Lebens. So kann Therese die Liebe als einen fruchtbaren Verlust bezeichnen.[274]

3. Bestätigung durch den inneren Frieden

Therese erfährt: „Was nicht um seiner selbst willen geliebt wird, das wird überhaupt nicht geliebt."[275] Die Liebe ist selbstlos, darum muss man, um lieben zu können, vom Egoismus befreit werden.

Diesen Wandel, von der 'Selbstliebe' zur 'selbstlosen Liebe' hat Therese selber durchlitten.

Die Sinnlosigkeit macht den Schmerz zum Leiden. Wenn das Leiden einen Sinn hat, dann bleibt der Schmerz, aber man leidet nicht mehr an der Sinnlosigkeit. Wenn die Liebe das Größte ist, zu dem der Mensch fähig ist, sollte sich da der Mensch nicht über das Leid freuen? Dies ist aber eine andere Freude als allgemein üblich. Therese beschreibt die Freude mit dem Begriff „Friede".[276]

Therese wäre sogar glücklich zu leiden, wenn Gott davon nichts wüsste.[277] Es ist ein Gedankenexperiment, aber sie gebraucht ein Bild aus den zwischenmenschlichen Beziehungen. Je weniger der andere um die Leiden weiß, die er für ihn durchmacht, desto größer wird die spätere Freude sein, aber um so inniger und selbstloser ist die Liebe. Therese freut sich aber auch, keine Freude zu haben,[278] um so Gott noch selbstloser lieben zu können. Denn Gott lieben, ihm Opfer bringen, um selber Anerkennung und Erfüllung zu erlangen, ist keine selbstlose Liebe, ist keine Liebe.

Für Therese ist das Leiden so sehr die Quelle der Freude geworden, dass sie meint, ohne das Leiden und die Möglichkeit, leiden zu können, nicht mehr glücklich werden zu können. Sie weiß nicht, womit sie Gott im Himmel lieben wird, wenn sie dort nicht leiden kann.[279] Sie hat Angst, enttäuscht zu werden, nicht mehr lieben zu können.[280]

Der Höhepunkt des Leidens ist das Sterben. Wenn Therese aus Liebe stirbt, gelangt sie dadurch zum Gipfel der Liebe. Deutlich wird diese Vollendung in ihrem Gedicht „Entblätterte Rose".[281]

4. Leiden am Mitmenschen als Ausdruck der Nächstenliebe

Die Spiritualität der hl. Therese ist geprägt durch die Betonung der Gottesliebe. Erst später erkennt sie sehr deutlich den Wert der

Nächstenliebe. Sie erfährt, dass Gottes- und Nächstenliebe nicht voneinander zu trennen sind. Als sie in der (Gottes-) Liebe fortschreitet, geht ihr die Bedeutung der Nächstenliebe mehr und mehr auf. Therese fällt das Wort des Matthäusevangeliums auf, dass die Nächstenliebe genauso wichtig ist, wie die Gottesliebe.[282] Sie erkennt, dass die Gottesliebe nicht nur aus Worten und Gedanken besteht, sondern darin, den Willen Gottes zu tun.[283] Und der Wille Gottes ist, einander zu lieben, wie Jesus uns geliebt hat.[284] Es beeindruckt sie das Wort: „Es gibt keine größere Liebe, als wenn einer sein Leben hingibt für seine Freunde."[285] Nachdem Therese die Gesetze der Liebe verinnerlicht hat und erkennt, dass die Gottes- und Nächstenliebe nicht voneinander zu trennen sind, sagt sie mit Nachdruck: *„Das Wichtigste auf Erden ist die Nächstenliebe. Man liebt Gott in dem Maße, indem man diese übt."*[286] Darum ist auch die Inkarnation für Therese eine 'Notwendigkeit'. Wenn zur vollkommenen Gottesliebe die Nächstenliebe gehört oder besser, wenn die Nächstenliebe Ausdruck der Gottesliebe ist, dann war es eine 'Notwendigkeit' der Liebe, dass die zweite göttliche Person Mensch wurde, damit er konkret den Nächsten lieben konnte.

Wenn nun das Leiden Ausdruck der (Gottes-) Liebe ist, dann ist die Annahme des Leidens auch Ausdruck der Nächstenliebe. Therese hatte im Kloster keine Feinde, die ihr böswillig Leid zufügten, doch gab es Gelegenheiten genug, an den Unvollkommenheiten der Schwestern zu leiden. Diese zu ertragen, ist auch Ausdruck der Nächstenliebe.[287] Ihre Antwort auf die Nadelstiche und das Unverständnis war ihr Lächeln, ihre zuvorkommende Liebe und ihre zarte Aufmerksamkeit.[288] Die Nächstenliebe bei Therese wurde am Ende ihres Lebens besonders in ihrer Geduld sichtbar, mit der sie Unannehmlichkeiten ertrug.[289]

„Therese überwindet sich so, dass es ihr gelingt, allen Gesetzen natürlicher Sympathie zum Trotz, auch die Widerlichen zu lieben und ihnen so zu begegnen, als ob Therese natürliche Sympathie für sie empfände."[290] Die christliche Liebe ist keine Alsob–Liebe. Therese zeigt das Verhältnis von natürlicher und übernatürlicher Liebe in ihrer Autobiographie ganz deutlich. Man kann die Liebe nur leben, wenn man Anteil an der Liebe Christi hat. Die Liebe zeigt sich im Opfer für den anderen. Das Opfer besteht darin, das 'Ich' preiszugeben, verletzt zu werden, das Du auf die gleiche Stufe mit dem Ich zu stellen, d.h. sich hinzugeben.

Der Maßstab der Liebe ist die Liebe Christi. Wir sollen den Nächsten lieben, wie Jesus ihn geliebt hat. Therese sagt, dass wir nicht so lieben können, wie Jesus liebt; das kann nur Jesus; darum muss Jesus durch uns unsere Mitmenschen lieben. Und sie fühlt, dass es so ist: *„Ja, ich fühle es, wenn ich Liebe erweise, so handelt einzig Jesus in mir; je mehr ich mit Ihm vereint bin, desto inniger liebe ich alle meine Schwestern."*[291] Das ist kein Abbruch ihrer kontemplativen Berufung! Für Therese liegt die Nächstenliebe im Zentrum des Glaubens und der Inkarnation.

Gott liebt nicht „um der natürlichen Gaben willen" im Unterschied zur naturhaften Sympathie. Die Liebe Christi ist an keine menschlichen Eigenschaften, Charaktere, Schwächen und Sünden gebunden. Gott liebt ohne Voraussetzung. Das ist auch das Vorbild der Nächstenliebe. Die vollkommene Liebe besteht darin, *„die Fehler der anderen zu ertragen, sich nicht über ihre Schwächen zu wundern, sich an den kleinsten Tugendakten zu erbauen, die man sie vollbringen sieht".*[292]

B. Leid als Weg zur Erkenntnis (Hermeneutische Dimension)

Die einzig richtige Antwort des Menschen auf die Liebe Gottes, auf seine Selbstoffenbarung, kann kein theoretischer Lehrsatz sein, sondern muss eine praktisch-personale Erwiderung der Liebe sein. Christen leben nicht aus einer Hypothese, sondern aus der personalen Liebe Gottes heraus. Theologie ist an die Glaubenspraxis gebunden. Verstehen geschieht in der Glaubensantwort. Derjenige hat Christus am besten verstanden, der in seine Nachfolge tritt. Ihm folgen heißt, die Liebe leben, sein Leben hingeben für die anderen, eine Pro-Existenz führen. Das Annehmen des Leidens heißt mit der Hingabe ernst machen; das ist Eintreten in die Glaubenspraxis. Darum kann Therese mit dem Psalmisten beten: *„Ich bin klüger geworden als die Greise: weil ich deinen Willen suchte."*[293]

Die Liebe ist das Höchste, aber jeder kann nur das lieben, was er erkennt.[294] Je größer die Erkenntnis, um so größer die Liebe, und je größer die Liebe, um so größer die Erkenntnis. Liebe und Erkenntnis verhalten sich direkt proportional zueinander. Liebe ist keine theoretische Größe, sondern Tat. Um in der Erkenntnis voranzuschreiten, muss man sie in die Tat umsetzen.[295] *„Ein einziger Akt der Liebe lässt uns Jesus besser erkennen."*[296] Für Therese ist das Leiden ein Reifungsprozess[297] und bereitet den Menschen darauf vor, Gott *„zu erkennen, wie er sich erkennt"*.[298]

Erkenntnis des Menschen (Anthropologie)

a) *Der Mensch ist vollkommen abhängig von Gott*

Das persönliche Leiden zeigt, auch ohne religiösen Hintergrund, die eigenen Grenzen auf. Der Leidende erfährt seine Schwachheit, sein Ausgeliefertsein, seine Hilflosigkeit, seine Abhängigkeit. Die Erfahrung der Schwachheit und das daraus folgende Wissen um die vollkommene Abhängigkeit von Gott[299] erachtet Therese als die größte Gnade ihres Lebens.[300]

Das Wissen um die Notwendigkeit der Abhängigkeit und das Wissen, dass der, von dem sie abhängig ist, die Liebe ist, gibt ihr grenzenloses Vertrauen.[301] Ihre Schwachheit ist das Fundament ihres Vertrauens.[302] Sie erkennt, dass sie alles, was sie ist, der Barmherzigkeit Gottes verdankt. So wird ihre Ohnmacht zu einer Quelle ihrer Kühnheit; das ist das Paradoxe der Schwachheit.[303] Therese liebt nicht ihre Schwäche um ihrer selbst willen, sondern um der Liebe Gottes wahrer und unverborgener zu begegnen.[304] Die physische und moralische Schwäche geben ihr eine Sensibilität für die Gnade. Die Erfahrung ihrer Ohnmacht vor Gott beschreibt sie mit dem Begriff 'Klein-Sein'[305].

Mit der Erfahrung der Schwachheit macht Therese auch die Erfahrung vollkommenen Geliebtseins, und zwar des Geliebtseins um keiner äußeren Eigenschaften willen.[306] Sie wird geliebt um ihrer selbst willen. Das ist die beglückende Erfahrung der Schwachheit. Dadurch legt sie ihren Geltungsdrang vor Gott ab.

Therese hat keine Angst vor der Gerechtigkeit Gottes. *„Gerecht sein heißt für Gott, jeden danach beurteilen, was er vor ihm ist."*[307] Therese versteht sich als das Werk der Liebe Gottes, und sie hat keine andere Absicht, als dieses Werk zu sein.[308]

Therese nimmt Gott einfach beim Wort und vertraut auf das, was er ihr in Jesus geoffenbart hat. Gott ist die vollkommene Liebe, und darum liebt er den Menschen um seiner selbst willen und nicht um seiner Taten willen. Gott ist ganz Hingabe. Darum ist seine Freude um so größer, je mehr er sich verschenken kann. Diese Erkenntnis schenkt der kleinen Therese ein grenzenloses Vertrauen, das bis zur Kühnheit führt. Sie weiß, dass Gott dem Vertrauen des Menschen nicht widerstehen kann.[309] Sie denkt groß von Gott. Ihr Vertrauen gründet sich nicht auf dem Bewusstsein eines guten Lebens,[310] denn alle Sünden der Menschen sind im Vergleich zur Liebe Gottes nur ein Wassertropfen in einer Feuersglut.[311] Therese vertraut so sehr, dass ihr der Gedanke kommt, sie könnte enttäuscht werden, wenn sie in den Himmel eingehe, weil Gott gar nicht alle Wünsche erfüllen könne.

b) Das Leiden ist das Privileg des Menschen

Das Leiden erscheint Therese als das Höchste, zu dem der Mensch in der Lage ist. Gott ist deswegen Mensch geworden, um seiner Liebe den Ausdruck zu geben, den er in seiner Göttlichkeit nicht zu geben vermochte.[312] „Der Mensch im Leiden vermag mehr als die himmlischen Wesen."[313] Er besitzt dadurch einen größeren Schatz als die Engel. Der Mensch besitzt die Demut der Zeitlichkeit und des Todes. Das ist auch zugleich der Schlüssel zum Geheimnis der Passion Christi. Therese fasziniert das Leiden so sehr, dass sie die Möglichkeit dazu als eine Bevorzugung ansieht, die dem Menschen allein vorbehalten ist. Weil das Leiden der höchste Ausdruck der Liebe ist, steht der Mensch über den Engeln, denn sie können dem lieben Gott Blut und Tränen nicht schenken.

Therese verachtet nicht den Leib, sondern sie sieht ihn als die Bedingung der Möglichkeit, der menschlichen Liebe Ausdruck zu verleihen. Der Mensch kann nur in Einheit von Leib und Seele lieben. Sie sieht im Leib den Schatz des Menschen.[314] In einer Reihe von Gedichten und kleinen Theaterstücken greift sie das Thema auf. Der Mensch steht über den Engeln.[315] Für Therese stehen die himmlische und irdische Existenz nicht unvermittelt gegenüber.[316] Die Jungfräulichkeit ist eine Form der himmlischen Existenz, die aber auch auf der Erde gelebt werden kann. Therese will sich aber nicht zu hoch über die Engel stellen und erfindet daher einen 'Engel vom Hl Antlitz', der die Passion Jesu verehrt und sein Leiden abbildet.[317] So denkt sie sich eine Art gegenseitige Spiegelung von Engel und Mensch ineinander. Aber dieser Ausgleichsversuch hält nicht lange an. In einem Brief an ihre Schwester Celine fragt sich Therese, warum Gott sie nicht als Engel erschaffen habe? Weil sie ein Märtyrer der Liebe sein sollte, lautet die Antwort.[318] Und noch drei Tage vor ihrem Tod sagt sie: *„Die Engel können nicht leiden, sie sind nicht so glücklich wie ich."*[319]

Therese lehrt den Primat des Leidens vor der Leidlosigkeit, des Gewöhnlichen vor dem Ungewöhnlichen, des Kleinen vor dem Großen. Gerade das Abhängigsein von Gott, seine Liebesbedürftigkeit, macht den Menschen 'groß'. Wenn die Annahme des Leidens Realsymbol der Liebe ist, dann ist das leidensfähige Geschöpf privilegiert, für diese Art zu lieben.

Die Erkenntnis der menschlichen Schwachheit ist für Therese die Quelle des Vertrauens. Dieses Vertrauen ist dann das Moment, dass das Leiden in Liebe verwandelt.

2. Erkenntnis Gottes (Theologie)

Das Gottesbild und die Beziehung zu Gott sind für Therese aufs engste mit dem Verständnis des Leidens verknüpft. Im folgenden Abschnitt über das Gottesbild sind zwei Dinge zu untersuchen: Wie denkt Therese über Gott, angesichts ihres Leidens, und wie reagiert Gott? Das Verhalten Gottes im Leiden ist der Indikator der Liebe, auch der Liebe Gottes zum Menschen. Im folgenden werden die Erfahrungen beschrieben, die Therese mit Gott gemacht hat.

a) Gotteserfahrung

Das Besondere an Therese ist, dass sie nicht von einem 'Gottesbegriff' ausgeht. „Am Anfang ihres Weges steht vielmehr eine 'Gotteserfahrung'."[320] Die Gottesbeziehung ist bei Therese ganz personal und weniger reflexiv.[321] Wenn Therese gehorcht, gehorcht sie aus Liebe, nicht aus Furcht oder Zwang. Gutsein bedeutet für Therese, den Willen des Vaters tun und der Mutter Freude bereiten.[322] Sie fühlt sich schuldig, wenn sie die Eltern betrübt. Reue und Verzeihung tilgen sofort und vorbehaltlos jedes Vergehen.[323] Das ist Thereses sittliche Grunderfahrung, die sie nie mehr verlässt. Jeder Formalismus ist gebannt. Furcht vor Strafe spielt in ihrem geistlichen Leben keine Rolle. Die familiären Beziehungen überträgt sie auf ihr Gottesbild.

Therese hat das Verlangen, bis ins Unendliche hinein zu lieben und geliebt zu werden. Für sie ist diese Sehnsucht von Gott geschenkt, und sie weiß, dass ihr dieser Wunsch erfüllt werden wird.[324] Sie könnte aber das Verlangen nicht haben, wenn sie die Liebe Gottes zumindest nicht schon erahnte. Es gibt zwei Ereignisse im Leben der hl. Therese, in denen sie Gott sehr nahe gekommen ist: zum einen bei der ersten hl. Kommunion und zum anderen die Glaubensgespräche mit ihrer Schwester Celine im Belvedere, dem

Giebelzimmer ihres Wohnhauses. Ihre Erkenntnis über die Gottesliebe hat sie nicht nur durch Glaube und Überlieferung, d.h. durch Theorie, sondern sie kennt Gott aus eigener Erfahrung.[325]

Der erste Grundsatz, den Therese gelernt hat, ist, dass Gott sie liebt und dass sie ihn darum lieben müsse. Aber diesen Grundsatz hat sie auch zutiefst erlebt. Über die erste hl. Kommunion schreibt sie in ihrer Autobiographie: *„Oh! wie wohltuend war der erste Kuss Jesu in meiner Seele!... Es war ein Kuss der Liebe, ich fühlte mich geliebt, und auch ich sprach: 'Ich liebe dich und schenke mich dir für immer.'"*[326] Das Leben war seit diesem Zeitpunkt ganz auf Gott ausgerichtet. Aber die Empfindungen der Seele kann und will Therese nicht ausdrücken, weil niemand sie versteht und weil diese tiefen Erfahrungen ihren Glanz verlieren würden.[327] Sie haben bei ihr aber einen starken Eindruck hinterlassen.[328] Therese hat die unendliche Liebe Gottes erfahren, und aus dieser Erfahrung heraus lebt sie. Der Glaube und die Hoffnung sind keine Gedankenexperimente, sondern erfahrene Wirklichkeit. Diese Erfahrungen der Liebe sind der erste Schritt auf dem Weg zur Annahme der eigenen Schwachheit. Aus sich selber vermag Therese nichts, aber mit Jesus alles. *„Nicht mehr ich lebe, sondern Christus lebt in mir."*[329]

Eine zweite Erfahrung der Nähe Gottes hat Therese mit ihrer Schwester Celine gemacht. Abends setzten sich Therese und Celine in das Dachzimmer, das sie Belvedere, Aussichtsturm, nannten und erzählten über Gott und den Glauben.[330] Sie vergleicht die Abende mit den Gesprächen von Augustinus und Monika in Ostia.[331] Therese hatte den gefunden, den sie suchte. Der Glaube war so spürbar, dass es für sie fast wie erlebte Wirklichkeit war. Thema dieser Abende war oft das Leiden. Die beiden Schwestern begannen ihre Gespräche oft mit einem Wort des hl. Johannes vom Kreuz: *„Herr, leiden und um Deinetwillen verachtet zu werden."*[332] Das Leiden hat Therese immer fasziniert. Sie hat gerne die Passion Christi betrachtet[333] und über das Geheimnis des Kreuzes nachgedacht. Durch diese Betrachtungen kamen sie Gott näher und lernten ihn besser kennen. Die Liebe Gottes zu den Menschen zeigt sich am Kreuz Jesu. Aus der gegenseitigen Erfahrung des Kreuzes heraus erlebt und beschreibt sie Gott.

b) Gott sehnt sich danach, geliebt zu werden

Therese stellt klar heraus, dass Gott geliebt werden will. Es geht ihr nicht um ihre Liebe, sondern darum, dass Gott um seiner selbst willen geliebt werden will. Erst in den letzten Jahren ging ihr dieses Geheimnis immer mehr auf. Sie schreibt am Ende des Manuskriptes A: *„Am 9. Juni dieses Jahres, am Fest der Heiligen Dreifaltigkeit, wurde mir die Gnade zuteil, klarer denn je zu erkennen, wie sehr Jesus sich danach sehnt, geliebt zu werden."*[334] Sie erkennt, *'klarer denn je'*, dass Jesus nur um seiner selbst willen geliebt werden will.[335] Sie wollte immer schon nur Jesus Freude bereiten. Bis dahin hatte 'sie' den Wunsch, Jesus über alles zu lieben. Doch jetzt erkennt[336] Therese, dass Jesus[337] geliebt werden will. Ihre Liebe war bis dahin Sehnsucht und Verlangen, sich bis ins letzte hinzugeben. Doch jetzt entdeckt sie etwas Neues: „Gott braucht dringend das Geschöpf, um ihm seine Liebe zu erzeigen, um die in seinem Inneren verschlossenen Liebesströme frei ergießen zu können."[338] Gott will das Heil, er will sich verschenken. Gott lieben, bedeutet, seine Liebe anzunehmen. Gott will geliebt werden, damit er sich verschenken kann, und gerade das wird durch die Sünde verhindert. Überall werden sein Heilswille und sein Liebesangebot zurückgestoßen.[339] In Thereses Theaterstück *'Jesus in Bethanien'* ist das Leitmotiv, dass Jesus den Himmel verlassen hat, um das Herz des Menschen zu gewinnen.[340] Das ist der Grund der Inkarnation: das Verlangen, sich zu verschenken.³⁴¹ Die Liebe des Menschen wird zum Dienst an der Liebe Gottes. Gott möchte den Menschen zur Liebe befähigen. Dieses Geliebtseinwollen Gottes beschreibt sie auch mit dem Bild 'Gott als Bettler unserer Liebe'.³⁴² Gott macht sich zum Bettler. Das, was der Mensch ihm geben kann, sind nur Kleinigkeiten, ist die Liebe! Dieses Bild ist zu vergleichen mit dem Wort des hl. Augustinus: „Die Sehnsucht Gottes ist der Mensch."³⁴³ Ausdruck dieser Liebe sind die Opfer des Lebens.

Weil Gott geliebt sein will, will er nichts ohne den Geliebten tun. Das ist das Phänomen der Mitarbeit an der Erlösung.

c) *Gott ist der Gefangene der Liebe*

Weil Gott sich nach der Liebe des Menschen sehnt, bindet er sich an die Geschöpfe. Die Freiheit besteht darin, sich zu binden. So auch bei Gott. Weil er die absolute Liebe ist, bindet er sich in gleicher Weise an den Geliebten. Therese sieht die Beziehung zu Gott wie ein Braut-Bräutigam-Verhältnis. Dieses Verliebtsein führt oft zu unverständlichen Verhaltensweisen, die aber nur aus der Logik des Verliebtseins zu erklären sind. Man kann dies die Torheit der Liebe nennen. Gott ist bis 'über beide Ohren' verliebt in den Menschen. Wie sehr schmerzt es ihn, wenn diese Liebe unerwidert bleibt! In diesem Zusammenhang interpretiert Therese den Vers des Hohenliedes: „Verzaubert hast du mich, meine Schwester Braut; ja, verzaubert mit einem (Blick) deiner Augen."³⁴⁴ *„Meine schwache Liebe – ach, welch ein Geheimnis – genügt, Herr, um Dich zu fesseln."*³⁴⁵ Gott lässt sich von der Liebe eines Menschen betören und fesseln.³⁴⁶

d) *Gott leidet daran, den Menschen leiden zu sehen*

Gott lässt das Leiden zu,[347] nicht zur Strafe oder aus Sadismus, sondern aus Liebe. Diese Liebe ist für den Menschen schwer zu verstehen, weil es gegen seine Natur ist. Gott freut sich nicht über das Leid; er ist selber traurig, den Menschen leiden zu sehen. Darum will Therese, dass das Leiden im Verborgenen geschehen soll, auch verborgen vor Gott, damit er nicht soviel leidet, wenn sie leidet. Therese will sich dem lieben Gott gegenüber ihre Traurigkeit nicht anmerken lassen.[348] Therese will Gott nicht zumuten, sie leidend zu sehen. „Die Leiden, die GOTT uns schickt, sind Zeugnisse seiner Liebe und Aufmerksamkeit."[349] Wie undankbar wäre es, sie abzuweisen! Jesus selber bittet darum, aus jedem Leid einen Akt der Liebe zu machen. Es fällt Gott schwer, dem Menschen das Leiden aufzuerlegen, obwohl er um das Geheimnis des Kreuzes weiß.[350] Gott lässt mit 'schwerem Herzen' das Leid zu, weil es das Gesetz der Liebe fordert. Er weiß, wie wertvoll das Leiden sein kann, wenn der Mensch versucht, es anzunehmen. Um so mehr lässt sich Gott auch von einem Menschen treffen, der das Leiden in Liebe umfängt: *„Wie schnell lässt sein Herz sich rühren!"* Therese deutet die 'frohen' Ereignisse ihrer Krankheit als zarte Aufmerksamkeiten des lieben Gottes, dem das Leiden seines Kindes zu Herzen geht.

Therese klagt Gott nicht an, wenn sie schrecklich leidet, sondern sie ist dankbar. Sie sieht immer das Positive. Therese schließt von der Kraft zum Leiden auf die Güte Gottes.[351] Gott steht jedem in jeder Situation bei und gibt jedem die Kraft, das Kreuz zu tragen. Und der Beweis, dass Gott mit dem Menschen mitleidet, ist Jesus.

Wie kann Gott, wenn er selber am Leiden des Menschen leidet, das Leid zulassen, obwohl er es verhindern könnte? Therese antwortet: Weil Gott allmächtig und allwissend ist, sieht er den Menschen schon bei ihm in der Vollendung. Er sieht ihn schon erlöst und gerettet. Gott freut sich jetzt schon über den erlösten Menschen. Darum kann er das Leid zulassen, weil er die Frucht des Leidens immer vor Augen hat.

Durch Überlegungen über die Zeit gelangt Therese zu dem Gedanken: *„Was bedeutet wohl die Zeit? Die Zeit ist nur eine Spiegelung, ein Traum; Gott sieht uns in der Herrlichkeit, er freut sich an unserer Seligkeit. Wie wohl tut dieser Gedanke meiner Seele! Ich verstehe dann, warum er uns leiden lässt."*[352]

„Es ist, als entschuldige Therese den lieben Gott mit diesem Gedanken, als wolle sie ihm aus der Perspektive der Ewigkeit zeigen, wie recht er in der Liebe hat, den Menschen zeitlich das Leiden zuzumuten. Ein Leiden, das die liebende Seele um so inniger an sich zieht, je dunkler der Schleier ist, mit dem es die ewige Liebe und Seligkeit verhüllt."[353]

Therese betrachtet die Zeit immer wieder aus der Perspektive der Ewigkeit. *„Ein Tag bricht an, da die Schatten vergehen, und es bleibt nur Seligkeit, Berauschung. Nützen wir unseren einzigen Augenblick des Schmerzes aus, schauen wir nur auf den Augenblick. Ein Augenblick ist ein Kleinod."*[354] Man könnte der kleinen Therese eine Tendenz zur Weltflucht vorwerfen, weil sie das Leiden zu überwinden versucht durch den Blick auf das Jenseits. Aber sie will *ihren Himmel damit verbringen, auf Erden Gutes zu tun.*[355] Sie nihiliert nicht das Leiden oder redet es schön, denn sie weiß, wovon sie spricht, da sie viel und schwer gelitten hat. Sie spürt das Leid mit ganzer Wucht. Aber sie sieht es als eine Chance an, bewusst in der Welt, für die Zeit und für die Ewigkeit Nutzen daraus zu ziehen. *„Jeder Augenblick ist eine Ewigkeit – eine Ewigkeit des Glückes für den Himmel. Jesus allein ist, alles andere ist nicht."*[356]

C. Annahme des Leidens als Mitvollzug der Erlösung (Soteriologische Dimension)

Für Therese ist die Undankbarkeit der Menschen, die die zuvorkommende Liebe Gottes zurückweisen können, Anlass, um über die Problematik von Heil und Unheil nachzudenken. Die Menschen wenden sich von Gott ab und suchen ihr Glück im Zeitlichen. Warum ist so etwas möglich? Nach Therese sind diese Menschen Opfer eines Irrtums geworden und begnügen sich daher nur mit dem scheinbaren zeitlichen Glück.[357] Dahinter steht die Vorstellung, dass der Mensch in seiner Freiheit Gottes liebende Zuneigung ablehnen kann. Der Mensch kann sein Heil ablehnen. Therese hat erkannt, dass die zuvorkommende Liebe Gottes nur durch die antwortende Liebe des Menschen erwidert werden kann.[358] Therese sieht in der Sünde nicht ein Problem der Gerechtigkeit und der Strafe, sondern ein Problem der Liebe.[359] Darum sagt sie nicht: „O mein Gott, wird deine Gerechtigkeit durch die Verhärtung des Sünders ungestillt bleiben?" sondern: *„O mein Gott! soll deine verschmähte Liebe nunmehr in deinem Herzen verbleiben?"*[360] Gott leidet darunter, seine Liebe nicht erwidert zu sehen. Er hat eine Art 'Liebeskummer'. Dabei besteht das Heil darin, sich von Gott lieben zu lassen.

Das Sich-Verschließen des Menschen vor der Liebe Gottes hat ein zweifaches Drama zur Folge: das Drama des Menschen, der durch seine todbringende Illusion zum Sünder wird, und das Drama Gottes, der nicht imstande ist, ihn durch das Ausströmen seiner Liebe zu retten.[361] Wie reagiert nun Therese auf dieses Problem? Sie möchte sich Gott als Ganzopfer anbieten,[362] nicht, um dadurch Gott zu besänftigen,[363] sondern indem sie das freie Ja der Liebe sagt.

Denn das Ja ist das einzige, was der Mensch Gott geben kann, und dies ist im eigentlichen Sinn ein Opfer.[364]

Für Therese ist Gott „ein Ozean unendlicher Zärtlichkeit, dessen Fluten durch die menschliche Bosheit zurückgehalten werden können. Gott, der die Liebe und auf unendliche Weise die Liebe ist, hat der Freiheit des Menschen so viel Macht verliehen, dass sie die Initiative seiner barmherzigen Liebe zunichte zu machen vermag."[365] Therese hält aber immer noch an der Möglichkeit fest, dass Gott mit seiner Gerechtigkeit eingreifen kann.[366] Die Liebe ist der Ursprung und das Endziel von Thereses Streben und Sehnen.[367]

Therese erahnt, wie sehr Jesus auch geliebt sein wollte, oder besser, wie sehr er nach dem Heil aller Menschen verlangt. Therese interpretiert nach der damals gängigen Meinung die Worte Jesu am Kreuz „Mich dürstet" als das Verlangen Jesu nach dem Heil der Seelen. Dieses Verlangen hat nun auch Therese ganz ergriffen. Seelen retten um jeden Preis![368] Darin liegt Thereses Mission, das ist ihre Quelle und Aufgabe, um Jesus zu erfreuen und zu lieben. Das Erlebnis mit dem Verbrecher Pranzini, der sich durch ihr Gebet 'bekehrt' hat, spornte ihren Eifer an und bestätigte zugleich die Wirksamkeit und die Wirklichkeit ihrer Bemühungen um das Heil der Seelen. Sie erlebte die Kraft von Gebet und Opfer.[369] Der Gedanke der Stellvertretung für andere weitet sich zu einer Mittlerschaft zwischen Gott und den Menschen aus.[370]

Für Therese ist das Sich-Verweigern gegenüber der Liebe Gottes Sünde. Das Heil hingegen besteht in der antwortenden Liebe des Menschen, im 'Ja' zu der Liebe Gottes.

1. Das Empfangen-Können als Bedingung der Möglichkeit der Erlösung

Das Leistungsdenken ist eine große Gefahr im geistlichen Leben, das die Tendenz zur Selbsterlösung in sich birgt. Dies hat Therese klar erkannt und unerbittlich bekämpft. Eine weitere Gefahr, die zur Selbsterlösung führt, ist ein juristisches Gottesbild, bei dem der Mensch durch eigene Leistung Genugtuung leisten kann.[371]

Die Erfahrung des Leidens impliziert die Erfahrung der Erlösungsbedürftigkeit. Therese weiß, dass sie sich nicht selber erlösen kann. So ist ihr 'kleiner Weg' nichts anderes als die völlige Hingabe an Gott, ein Sich-IHM-Überlassen. Ihre Haltung widerspricht völlig der Vorstellung der Selbsterlösung. Die Erlösung wird ganz als Geschenk angesehen. Die Theologie Thereses ist ganz geschenkte Partizipatio. Der Stolze will sich selbst erlösen! Voraussetzung für das Sich-Beschenken-Lassen ist das Sich-Beschenken-Lassen-Wollen. Lieben ist in diesem Zusammenhang ein geschenktes Empfangen-Können.

„Ganz streng und mit unbarmherziger Klarheit wendet sich Therese gegen jede asketische Bemühung, die nicht Gott, sondern die eigene 'Vollkommenheit' zum Ziel hat und darum nichts anderes als geistige Schönheitspflege ist."[372] Gott bedarf keiner äußeren Opfer, um ihn zufriedenzustellen. Nichts kann der Mensch Gott geben, was er nicht schon hat, außer sein freies Ja zu ihm. Gott braucht keine Taten, sondern Hingabe.[373] Das heißt nicht, dass die Taten unwichtig sind. Gott braucht Taten der Menschen nicht, aber sie sind notwendige Folge der Hingabe. Gott braucht die Taten nicht für sich, sondern für die Mitmenschen.

Der Pharisäismus ist die größte Versuchung im geistlichen Leben. Die Annahme des Leidens geschieht nicht aus einer Haltung des Verdienens und des eigenen Vollkommenheitsstrebens,[374] sondern aus einer Haltung der Hingabe und des Annehmens. Therese rühmt sich nicht eines Tugendaktes oder eines Opfers, und sie ist sehr streng mit ihren Novizen.[375] Die Heiligkeit (Kind-Sein) besteht nicht in einer Leistung oder Übung, sondern darin, *„dass man sein Nichts anerkennt, alles vom lieben Gott erwartet"*.[376]

Als Kind wurde Therese angehalten, 'geistliche Schätze' zu sammeln, Schätze für den Himmel.[377] Ihre Schwester Marie erklärte ihr, dazu genügte es, wenn sie alles, was sie tue, aus Liebe zu Gott tue. Therese hatte daraufhin ein großes Verlangen, Schätze zu sammeln. Unaufhörlich suchte sie Gelegenheiten und sagte in ihrem Herzen kleine Gebete auf.[378] Später ist die Liebe der einzige Schatz Thereses, aber die Liebe zählt und rechnet nicht.[379] Alles, was sie tut, tut sie für die Mitmenschen und für den lieben Gott. Sie will nichts, auch nicht das Geringste, für sich tun. Therese will nicht dafür beten, dass sie nicht in das Fegefeuer kommt, um keine Gelegenheit zu verpassen, etwas für andere zu tun.[380] Der Fortschritt, der Gewinn, besteht bei Therese im Verlieren.[381] Der Abstieg ist der wahre Aufstieg. „Das Nicht-Rechnen-Müssen bringt die Seele Gott gegenüber in den Zustand vollkommener Armut."[382] *„Ich kann mich für mein Vertrauen auf nichts, auf keines meiner Werke stützen. [...] Aber diese Armut ist für mich ein wahres Licht, eine wahre Gnade gewesen."*[383] Diese Armut ist Thereses Grundvoraussetzung im geistlichen Leben. Daraus wurzelt ihr Misstrauen gegen alles, was Gebet und Askese als eigene große Leistung ansieht.

Therese vertraut darauf, dass sie durch ihre Liebe den Himmel nicht nur für sich erreicht, sondern durch ihre Liebe viele andere mitziehen kann. Therese weiß, dass alles Geschenk ist, dann ist auch das Schenken und Lieben-Können Geschenk. *„Klein bleiben heißt: sein Nichts anerkennen, alles vom lieben Gott erwarten, ... sich keine besonderen Verdienste aufspeichern wollen. Sogar bei den armen Leuten gibt man den kleinen Kindern alles Notwendige."*[384]

Annahme des Leidens als Mitvollzug der Erlösung (Soteriologische Dimension)

Das ist ein Wesenszug ihrer Botschaft, das ist auch die Mitte des Evangeliums. Therese lehnt die Werkgerechtigkeit entschieden ab, die auf einem natürlichen Gerechtigkeitsverhältnis zwischen göttlicher und menschlicher Leistung basiert.[385]

2. Gott will nichts ohne den Menschen tun

Für Therese ist die Natur der Liebe Gottes, *„dass der Schöpfer des Weltalls auf das Gebet einer armen, kleinen Seele wartet, um andere Seelen zu retten, die gleich ihr um den Preis seines Blutes erlöst sind"*[386]. Gott erwartet die allerengste Mitarbeit des Menschen.[387] Therese interpretiert den Vers: 'Bittet den Herrn der Ernte, dass er Arbeiter sende!'(Lk 10,2) so, dass Jesus nichts ohne den Menschen tun möchte.

„Schaut im Himmel sind leere Plätze. An euch ist es, sie zu füllen. Ihr seid meinem Mose gleich, der auf dem Berg betet. Bittet mich um Arbeiter, und ich werde sie schicken. Ich erwarte nur ein Gebet, einen Seufzer eures Herzens. [...] Unsere Sendung als Karmelitinnen ist es, Arbeiter für die Verbreitung des Evangeliums heranzubilden, die Millionen von Seelen retten, denen wir Mütter sein werden..."[388]

Die Liebe Gottes ist derart, dass sie nichts ohne den Geliebten tun möchte. Gott will durch den Menschen den Menschen retten. Oder: Gott will durch den Menschen den Menschen lieben. Therese lehrt den Primat des Gebetes vor dem Apostolat, die sie aber nicht voneinander trennen kann.[389] Für sie ist ein Mensch, der betet, wie Mose auf dem Berg, der, solange er die Arme erhebt, den Sieg für sein Volk garantiert. Diese 'verborgene' Fruchtbarkeit des Gebetes für andere macht sich Therese ganz zu eigen.[390]

3. Annahme des Leidens ist Mitvollzug der Erlösung

Anlässlich eines aus dem Gebetbuch herausgefallenen Bildchens des Gekreuzigten,[391] erkennt Therese in einer plötzlichen Intuition die Berufung zum Mit-Leiden und Mit-Retten mit dem Herrn und erfährt die erlösende Kraft der Liebe.[392]

Die Berufung zum Karmel ist für Therese eine Berufung des Mit-Leidens mit Christus für das Heil der Seelen.[393] Seelen retten![394] Das ist das Hauptanliegen Thereses. Sie will auch besonders für die Priester beten.[395] Sie hat auf der Romfahrt erlebt, dass die Priester auch nur schwache Menschen sind. Therese ist nicht ins Kloster gegangen, um vollkommen zu werden, sondern um Seelen zu retten. Eigentlich ein Paradox. Sie tritt in ein streng kontemplatives Kloster ein, um möglichst viele Menschen zu 'retten'. *"Ein Tag im Karmel ohne Leiden ist ein verlorener Tag."*[396] Die Welt erkennt den Wert des Kreuzes nicht. Das Leiden zieht Therese an. Für sie ist das Leid eine Form der Liebe und ein 'Mittel', Anteil an der Erlösung zu haben, darum setzt sie alles dran, zu leiden.[397] Sie hat erkannt, dass die erlösende Kraft des Leidens in der Liebe liegt.[398]

a) Annahme des Leidens ist Teilhabe am Erlöserleiden Christi

Thereses Liebe zum Leiden kommt aus dem Wissen, dass das Leiden ein Weg der Erlösung ist. Anteil an der Erlösung zu haben, ist für sie ein Gedanke, der ihr Herz höher schlagen lässt. Zum einen vergleicht sie äußerlich ihr Leiden mit den Leiden Christi: *"Es war tiefe Nacht der Seele ... wie Jesus im Garten der Todesangst fühlte ich mich einsam, ich fand keinen Trost, weder auf Erden noch vom Himmel her, der liebe Gott schien mich verlassen zu haben!"*[399] Zum anderen hat sie Anteil mit ihrem Leiden am Leiden Christi. Therese sagt selber: *"Nicht mehr ich lebe, Jesus lebt in mir!"*[400] Die

Annahme des Leidens als Mitvollzug der Erlösung (Soteriologische Dimension)

Vereinigung mit Gott ist eine Einigung des Willens. In dem Maße, wie sie den Willen Gottes tut und ihn in ihr Leben herein lässt, ist sie eins mit Gott. Therese weiß sich schon in diesem Leben mit Gott vereinigt.[401] Ausdruck des Bestrebens, sich mit Gott zu vereinen, ist der Vers aus dem Hohenlied: 'Ziehe mich an dich.'[402] Das Geheimnis der Fruchtbarkeit liegt in der Vereinigung mit Gott.[403] *„In ihm (Gott) vereint, können unsere Seelen viele andere Seelen retten."*[404] Je näher Therese bei Gott ist, um so näher sind auch die Menschen bei Gott, die bei ihr sind. Der einzige, bei dem es Heil gibt, und der selber das Heil ist, ist Gott. Der Mensch kann aus sich heraus niemanden erlösen, auch sich selbst nicht. Darum kann der Mensch nur Anteil am Heil bekommen, indem er Anteil an Gott hat.[405]

Für Therese ist ihre Vereinigung mit dem Willen Gottes Mitarbeit am allgemeinen Erlösungsplan Gottes.[406] Es handelt sich nicht um Ergebung noch um Verzicht, sondern um eine Freude an der Mitarbeit Gottes. *„Wenn ich bedenke, dass wir eines freudig ertragenen Leides wegen die ganze Ewigkeit hindurch den lieben Gott mehr lieben werden. Denn indem man leidet, kann man Seelen retten. Ah, Pauline, wenn ich im Augenblick meines Todes Jesus eine Seele darbieten könnte, wie glücklich wäre ich. Dann wäre eine Seele dem Feuer der Hölle entrissen, und sie würde Gott in alle Ewigkeit preisen."*[407]

Therese sieht sich von Gott mit Jesus beschenkt. Und da sie mit Jesus alles geschenkt bekommen hat, hat sie auch Zugang zu den Schätzen Gottes. Der Schatz Gottes ist ihr Heil, ihre Liebe, die sie für die Menschen verschwenden kann: *„Da du mich so sehr geliebt hast, dass du mir deinen einzigen Sohn gabst, auf dass er mein Erlöser und mein Bräutigam sei, so sind auch die unendlichen Schätze seiner Verdienste mein, freudig bringe ich sie dir dar und* *flehe dich an, nicht anders auf mich zu schauen als durch das Antlitz Jesu hindurch und in seinem von Liebe brennenden Herzen."*[408]

Die Schätze Gottes gehören der kleinen Therese. Sie ist so kühn und macht sich nicht nur die Schätze Gottes, sondern auch noch die Verdienste aller Heiligen zu eigen. Sie schenkt Gott die Liebe aller Heiligen.[409] Die Wirksamkeit der Liebe liegt nicht in Therese, sondern in Gott. Sie weiß, das sie sich der Liebe Gottes bedienen kann, weil Gott es selber so möchte.[410]

b) Annahme des Leidens reinigt von eigenen Sünden

Die Liebe ist nicht nur wirksam für den Mitmenschen, indem sie ihm das Heil vermittelt, sondern sie reinigt auch den Liebenden von der Sünde. *„Oh! seit jenem glücklichen Tag will mir scheinen, die Liebe durchdringe und umgebe mich ganz; mir scheint, diese Erbarmende Liebe erneuere mich, sie reinige meine Seele und lasse in ihr nicht die Spur von Sünde zurück."* [411] Die Liebe ist das Gegenteil von Sünde. Die Liebe ist Preisgabe seiner selbst.[412] Darum hat Therese auch keine Furcht vor dem Fegefeuer. Das Feuer der Liebe ist reinigender als das Fegefeuer.[413] Ebenso reinigt das Feuer der Liebe wirksamer von der Sünde als die Furcht.[414] „Wer sich also entschlossen unter das Gesetz der Liebe stellt und sein ganzes Leben diesem Gesetz unterwirft, der ist in Wahrheit jenseits des Gerichtes Gottes, und er braucht von diesem Gericht nichts mehr zu fürchten."[415] *„Für die Opfer der Liebe, denke ich, wird es überhaupt kein Gericht geben."*[416] Das Nicht-Richten Gottes ist keine bloße Eigenschaft der Barmherzigkeit Gottes, sondern auch seiner Gerechtigkeit, sofern sie Ausdruck der Liebe ist. „Innerhalb der Liebe erblickt diese Gerechtigkeit eine Art Entsprechung und Proportion zwischen der Liebe, wie sie in Gott ist, und der Liebe, wie sie im Glaubenden ist, der die Liebe Gottes in der Gnade Gottes aufgenommen und bewahrt hat."[417] Diese Proportion ist die Feststellung der Gerechtigkeit in der Liebe Gottes. Wenn der Mensch Anteil an der Liebe Gottes hat, dann ist er in Gott, und kann nicht gerichtet werden. Er ist eins mit ihm. Hat er keinen Anteil, dann hat er sich selbst gerichtet.

Jesus zu lieben, bedeutet, dahin zu wirken, dass er auch geliebt wird. *„In der Nacht, in der einzigen Nacht des Lebens, die es nur einmal gibt, gilt es nur eines zu tun: lieben, Jesus lieben mit der ganzen Kraft unseres Herzens, um ihm Seelen zu retten, damit er geliebt werde... Oh! dahin wirken, dass er geliebt werde."*[418] Seelen retten als Lieben lehren und Liebe verbreiten. Man rettet den Nächsten, wenn man ihn liebt, ihn so liebt, wie Jesus ihn liebt.[419]

D. Annahme des Leidens als Ermöglichung von Kirche (Ekklesiologische Dimension)

Therese hat das Verlangen, Gott zu lieben und andere lieben zu lehren. Sie sehnt sich danach, an der Verherrlichung der Kirche mitzuarbeiten, indem sie Seelen 'rettet', d.h. Gott zu lieben und zu lehren, ihn zu lieben.[420]

1. Die Liebe ist das Herz der Kirche

Therese hat die Bedeutung der Nächstenliebe als Ausdruck der Gottesliebe erkannt. Die Liebe ist nicht nur transzendent, sondern auch immanent. Vollendet ist die Liebe erst bei Gott, doch beginnt sie schon jetzt. Alles im Leben der Kirche soll Ausdruck der Liebe sein. Darum ist die Liebe das Herz der Kirche.

"Die Liebe gab mir den Schlüssel meiner Berufung. Ich begriff, dass wenn die Kirche einen aus verschiedenen Gliedern bestehenden Leib hat, ihr auch das notwendigste, das edelste von allen nicht fehlt; ich begriff, dass die Kirche ein Herz hat, und dass dieses Herz von LIEBE BRENNT. Ich erkannte, dass die Liebe allein die Glieder der Kirche in Tätigkeit setzt, und würde die Liebe erlöschen, so würden die Apostel das Evangelium nicht mehr verkünden, die Märtyrer sich weigern, ihr Blut zu vergießen... Ich begriff, dass die LIEBE ALLE BERUFUNGEN IN SICH SCHLIESST, DASS DIE LIEBE ALLES IST, DASS SIE ALLE ZEITEN UND ORTE UMSPANNT... MIT EINEM WORT, DASS SIE EWIG IST!... Da rief ich im Übermaß meiner überschäumenden Freude: 0 Jesus, meine Liebe... endlich habe ich meine Berufung gefunden, MEINE BERUFUNG- IST DIE LIEBE!... ja, ich habe meinen Platz in der Kirche gefunden, und diesen Platz, mein Gott, den hast du mir geschenkt... im Herzen der Kirche, meiner Mutter, werde ich die Liebe sein... so werde ich alles sein ... so wird mein Traum Wirklichkeit werden!!!... "[421]

Therese will im Herzen der Kirche die Liebe sein, dann wird sie alles sein. Das Herz ist das Organ der Mitte, die Lebensquelle und der Antrieb des ganzen Leibes. Das Herz der Kirche ist die Liebe. Ohne die Liebe stirbt die Kirche. Entweder lebt die Kirche aus Liebe, oder sie ist nicht. Die Liebe ist das Wesen der Kirche. Die Liebe wächst über jede Sendung hinaus, sie ist selbst „in jeder partikulären Aufgabe lebendig, selbst aber universal".[422]

Durch die Patenschaft der 'Priesterbrüder' erfährt Therese weltkirchliche Dimensionen.[423] Bei der Übernahme der zweiten Patenschaft hält sich Therese für überfordert. Denn alle Gebete und Leiden opfert Therese schon für Abbé Bellière auf. Aber die Priorin, Mutter Marie de Gonzague, besteht darauf, dass Therese eine zweite Patenschaft übernimmt. So kommt Therese zu dem Schluss, der Gehorsam (gegenüber der Kirche) kann ihre Verdienste verdoppeln.[424] Durch dieses stellvertretende Beten und Leiden erfährt Therese die Wirksamkeit ihrer Sendung, das Herz der Kirche zu sein. Sie ist davon überzeugt, dass sie durch ihr Lieben den beiden Missionaren hilft, das Evangelium zu verkünden und Kirche aufzubauen.

Für Therese ist das kontemplative Leben ein Leben ganz für die Menschen. Sie wird so Apostel der Apostel. Durch ihre Lebenshingabe in Gebet und Opfer wird die Kirche auferbaut und erhalten.[425] In dem Maß, wie Therese die Liebe lebt, wird sie zum Herzen der Kirche, das notwendig ist, damit der ganze Organismus leben kann.

2. Missionarische Dimension des Leidens

Im Folgenden geht es darum, über die missionarische Dimension des Leidens nachzudenken. Dies geschieht im Kontext der Überlegung vom Verhältnis von Aktion und Kontemplation und ihrer Wirksamkeit für die Kirche. Das Leiden gehört im geistlichen Leben der hl. Therese mit zur Kontemplation.[426] Das Leiden ist ein Erleiden, eine Passion im wahrsten Sinn des Wortes. Es wird so zum Gegenteil der Aktion. Das Leiden anzunehmen, ist für Therese eine Form der Kontemplation.

Für Therese ist es eine entscheidende Einsicht: *"Eine von Liebe entflammte Seele kann nicht untätig bleiben."*[427] Mit der Tradition sieht Therese in Maria und Martha Kontemplation und Aktion verkörpert. Maria sitzt Jesus zu Füßen und scheint nichts zu tun, doch gibt sie mehr als Martha.[428] Jesus tadelt aber nicht die Arbeit der Martha, sondern nur ihre Unrast.[429] Therese rehabilitiert so die Aktion vor der Kontemplation und die Kontemplation vor der Aktion. Die Kontemplation ist und bleibt fruchtbarer. *"Sie scheint nichts zu geben und gibt doch viel mehr als Martha."*[430] Doch wurde die Aktion nicht unter die Kontemplation herabgesetzt.: *"Nicht die Arbeiten Marthas sind es, die Jesus tadelt, diesen Arbeiten hat sich seine göttliche Mutter ihr ganzes Leben lang demütig unterzogen, da sie die Mahlzeiten der hl. Familie zubereiten musste."*[431] Therese überwindet die antike und scholastische Deutung für den Sinn des christlichen Lebens und ihrer Stände. Augustinus hat Aktion und Kontemplation auf Erde und Himmel, auf Martha und Maria, verteilt, doch Therese kann nicht anders, als sie in Einheit zu denken, auch für den Himmel: *"Ich werde meinen Himmel damit verbringen, um auf Erden Gutes zu tun."*[432] Nicht die Seligkeit zieht Therese an, sondern allein die Liebe. Lieben, geliebt werden und die Liebe zu lehren.[433] Therese betrachtet die Engel als Vorbild. Sie leben in der Anschauung Gottes, und trotzdem wachen sie ununterbrochen über die Menschen.[434] Die Sendung Thereses steht jenseits von Aktion und Kontemplation.

Therese hat wenig so klar formuliert wie ihre Sendung in der Kirche.[435] Es ist ein Geheimnis zwischen Aktion und Kontemplation, d.h. es ist das Geheimnis der Kontemplation als Aktion.[436] Durch dieses Geheimnis ist sie die Patronin der Aktion, der Mission, geworden. Liegt das Fundament der Mission nicht in der Kontemplation? Im Gebet und Leiden liegt die Quelle jeder kirchlichen Aktion. Darum muss man, will man die Aktion fördern, die Kontemplation vermehren.[437] Therese hat den Weg der Kontemplation gewählt, weil sie darin die stärkste und weitreichendste Aktion erblickte.[438] Therese will so viele Seelen retten wie möglich; sie meint, als Karmelitin mehr Seelen retten zu können als Missionsschwester. Ihre Einstellung zur Kontemplation macht die Aktion nicht unnötig oder zweitrangig: Denn „Beschauung ist vollkommene Hingabe und Öffnung zum Wort des Herrn hin, Öffnung über alles aktive Beten hinaus in ein Hingehaltensein und

Nur-Noch-Empfangen, und schließlich notwendigerweise in ein Erleiden, eine Passion".[439]

Neu an Thereses Einsicht über die Kontemplation ist nicht ihr Wesen, sondern ihre Wirkung, die durch und durch ekklesiologische und soteriologische Betrachtungsweise, die so noch nicht in der Geschichte der Spiritualität dagewesen ist.[440] Die Kontemplation oder speziell die Passion des Erleidens ist nicht der Aktion überlegen, weil sie Ruhe und Muße ist,[441] auch nicht, weil sie sich unmittelbar mit Gott beschäftigt,[442] sondern, weil sie innerhalb der kirchlichen Liebe die tiefere, fruchtbarere Wirkung besitzt, eine so tiefe Wirkung, dass Therese sich nicht scheut, den Ordensberuf mit dem Priesterberuf zu vergleichen.[443] Die Ordensfrauen sind Mütter der Seelen.[444] Diejenigen, die ein kontemplatives Leben führen, sind wie eine Null. Für sich hat sie keinen Wert, doch wenn sie in der Nähe der Zahl gelangt, verzehnfacht sich ihr Wert. Es kommt aber darauf an, an die richtige Seite gesetzt zu werden.[445]

„Das Leben und die Lehre der hl. Theresia unterstreichen die ganz enge Verbindung zwischen Mission und Kontemplation."[446]

Therese ist so kühn, dass sie das Hohepriesterliche Gebet Jesu auf sich selbst anwendet. „Ein Gebet der reinsten Kontemplation, da es den vollkommenen Willen des Vaters betrachtet, wie der reinen Aktion, da es den vollkommenen Willen des Sohnes dem Vater gegenüber ausdrückt, und beide Willen fallen überein."[447] Das Ziel ist, dass die Menschen eins sein sollen, wie der Vater und Sohn eins sind. Therese hat damit den archimedischen Punkt jenseits des Dualismus von Empfangen und Tun gefunden.[448] Je mehr man sich hingibt und sich passiv dem Willen Gottes öffnet, um so aktiver wirkt er im Menschen.[449]

3. Annahme des Leidens ermöglicht Communio

Therese erklärt nicht in theologischer und philosophischer Spekulation, warum ihr Annehmen des Leidens für den Nächsten Frucht bringt. Dass aber das stellvertretende Leiden und Beten das Heil des Mitmenschen ermöglicht, ist für Therese ohne Frage. Deutlich wird dies bei ihren Betrachtungen über die Gemeinschaft der Heiligen. Wenn Sünde Egoismus bedeutet, dann bedeutet Sünde auch 'Vereinzelung', Trennung vom Du. Heil ist dann das Gegenteil, es ist ein Annehmen des Du und bildet so Gemeinschaft.[450] Darum ist das Annehmen des Leidens (Mit-) Ermöglichung von Communio, weil es eine Form der (Mit-) Erlösung ist.[451]

Die Menschen, die in Gott sind, sind im Heil und bilden so die Gemeinschaft der Heiligen. „Die Gemeinschaft der Heiligen ist Gemeinschaft der Gnade und somit der Liebe: Weil die Liebe fruchtbar ist, verdanken alle einander ihre Liebe."[452] Jeder verdankt sein Heil der Liebe des Nächsten.[453] Jeder wird auf den anderen stolz sein[454] und nicht auf sich. *„Wie eine Mutter stolz ist auf ihre Kinder, so werden wir aufeinander stolz sein, ohne die geringste Eifersucht."*[455] *„Aber wie gut wird man sehen, dass alles vom lieben Gott kommt; und was mir daraus an Ruhm erwachsen wird, das wird ein unverdientes Geschenk sein, das nicht mir gehört; jedermann wird das ganz deutlich sehen."*[456] Die Liebe ist fruchtbar für den Nächsten, sie sucht nie das ihre. Darum ist die Frucht der Liebe eine vollkommene Communio. Die Liebe ist der Blutkreislauf, der alle zu 'Blutsverwandten' macht.[457] Es herrscht daher auch eine Gemeinschaft der 'Verdienste'.[458] Jeder kann auf die Liebe des Nächsten bauen und sich ihrer bedienen, auch als wären sie die seinen. Auch der Schätze Gottes bedient sich Therese ohne zu zögern: „*Alles, was mein ist, ist dein.*"[459] Gott will, dass sich die Heiligen das Heil gegenseitig schenken, damit sie im Himmel mit größerer Liebe leben und keiner auf die Idee kommen kann, er habe das Heil selber gewirkt.[460] Weil das Heil des einzelnen vom anderen abhängt, gibt es auch im Himmel keinen Neid, denn der Ruhm des einen ist der Ruhm aller. Weil alle durch die Liebe geeint sind,[461] hat jeder Anteil an der Freude und den Verdiensten der anderen.[462] Die Communio der Liebe ist mehr als eine bloße Rollenverteilung, sondern sie ist eine gegenseitige Durchdringung der Sendung.[463]

Im Himmel können die Heiligen noch nicht ganz glücklich sein, solange es noch Menschen gibt, die noch nicht im Heil und in der Gemeinschaft der Liebe sind.[464] Aber die Seligen können weiter für die Kirche und das Heil der Menschen arbeiten.[465] Erst am Jüngsten Tag kann der ganze Leib auferstehen, wenn der letzte Bruder eintrifft. Vorher herrscht noch Sorge und Ringen im Himmel um das Heil der Menschen. Ein Schritt weiter, und Therese ist bei Ivan Karamasow, der die ewige Seligkeit nicht annehmen will, weil die „Allharmonie" angesichts des Leidens unmoralisch wäre.[466]

Diese Erfahrung, dass alle eine Gemeinschaft bilden und das Wirken des einen dem andern Heil ermöglicht, wendet Therese sofort in der Praxis an. Schon schwer krank geht sie täglich mit großer Anstrengung im Garten spazieren, weil es die Krankenschwester ihr geraten hat. Eine andere Schwester bemerkt, sie würde sich besser im Zimmer ausruhen. „*Es ist wohl wahr*", entgegnete Therese, „*aber wissen Sie, was mir Kraft gibt? Für einen Missionar tue ich diesen Gang. Ich stelle mir vor, wie einer von ihnen, weit weg, vielleicht gerade jetzt von seinen apostolischen Fahrten erschöpft ist. Um seine Ermüdung zu lindern, biete ich die meinige dem lieben Gott an.*"[467]

Therese leidet nicht nur mit und durch Christus, sondern auch mit und für ihre 'Brüder'. Leidend nimmt sie ihnen das Leiden ab.[468]

Schlusswort

Was macht es heute für einen Sinn, sich mit der hl. Therese vom Kinde Jesus auseinanderzusetzen, die in einem Jahrhundert gelebt hat, das für viele Theologen einen negativen Beigeschmack hat. Therese ist sehr an die romantische Sprache ihres Milieus gebunden, die für den heutigen Leser sehr kitschig und kindisch wirkt. Darum stößt sie vielerorts auf Unverständnis und Ablehnung. Doch ihre Botschaft ist sehr tief und äußerst aktuell. Sie hat einiges vorweggenommen, was die heutige Spiritualität und Theologie wieder entdeckt. Die Liebe ist das Maß aller Dinge. Aus der gelebten Liebe heraus ist sie Vorläuferin einer biblischen Spiritualität und wird Wegbereiterin der täglichen Kommunion. Therese hat die Trinitätstheologie nicht ins Zentrum ihrer Betrachtungen gestellt; doch denkt sie durch und durch trinitarisch, wenn sie die Liebe und die Communio zur Mitte ihres Lebens erhebt.

Gott ist die Liebe. Dies den Menschen zu verkünden, ist der Kern von Thereses Leben und Sendung. „Ihre Botschaft wurzelt in der wichtigsten und tiefsten Gnade ihres Lebens: der existentiellen Erfahrung von der Liebe Gottes."[469] Diese Liebe ist aber mehr etwas von Gott Empfangenes als vom Menschen Gegebenes.[470] Aus der Erfahrung der Liebe heraus durchlebt Therese auch das Leiden. Therese hat Auschwitz nicht gekannt, doch zeigt ihr Leben, wie man in scheinbar unerträglichen Situationen ein 'Ja' zur Liebe Gottes sagen kann. Der Vorsprung Thereses gegenüber den Diskussionen über das Leiden ist, dass ihre 'Lehre' keine Theorie ist, sondern gelebte Wirklichkeit. Das Verhältnis von göttlicher Liebe und menschlichem Leiden ist ein Geheimnis, das sich dem zu öffnen beginnt, der in die Kreuzesnachfolge Jesu tritt, der versucht, aus Liebe zu leben.

Schlusswort

Therese antizipiert unbewusst, was die neuere Theologie erkannt hat. Deutlich wird dies z.B. am sogenannten 'Messiasgeheimnis'. Die Jünger haben Jesus erst verstanden, als sie in die Leidensnachfolge eingetreten sind. Das mündliche Bekenntnis zu Jesus Christus allein ist unzureichend.[471] Das tiefe Wissen Thereses ist Frucht der gelebten Ganzhingabe. Der 'Graben' zwischen Christus und dem lehramtlichen Dogma, zwischen Faktum und Deutung, wird überbrückt, durch das gelebte Christusereignis der Heiligen, durch die gelebte Ganzhingabe. In der Praxis liegt die Irrtumslosigkeit.

Therese ist ein Vorbild, wie man im Leiden mit Gott lebt. Sie klagt Gott nicht an, obwohl sie schrecklich leidet. Sie ist dankbar im Unverständnis und sieht immer das Positive. Therese schließt von der Kraft, die sie im Leiden bekommt, auf die Güte Gottes.[472] Er steht einem in jeder Situation bei und gibt jedem die Kraft, das Kreuz zu tragen. Das einzige, was der Mensch in diesen Situationen machen kann, ist, Gott in sein Leben hineinzulassen. Therese hält daran fest, dass es Sinn macht, im Leiden auszuhalten, und hat dafür motivierende Eigenschaften gefunden. Doch bleibt das Leid im Letzten ein Geheimnis, und jeder steht allein unter dem Kreuz.

Therese löst die monastische Engführung des Vollkommenheitsstrebens auf das Kloster und der strengen Buße auf in einen Weg des innerlichen Leidens und der verborgenen Passion, die überall möglich ist. Sie macht jedem Menschen Mut, sich auf eine persönliche Liebesbeziehung mit dem lebendigen Gott einzulassen. Therese lebt und lehrt 'nur' die Gesetze der Liebe. Liebe ist das Gegenteil von Egoismus. Das Fundament der Liebe bilden Hingabe und Vertrauen.[473] Vertrauen kann nur, wer nicht auf sich selber baut, sondern sich ganz auf den Geliebten verlässt, ohne Vorbehalt.

Besonders hervorzuheben ist die missionarische Dimension ihrer Liebe und damit verbunden die erlösende Kraft ihres Leidens. Das scheint mir das Neue an ihrer 'Lehre' zu sein und der Grund dafür, warum sie zur Patronin der Weltmission erhoben wurde und am Weltmissionssonntag 1997 zur Kirchenlehrerin erhoben wurde. Die Vereinigung mit Gott ist das einzig Notwendige, und alles andere wird dazugegeben werden. Dies hat Therese mit letzter Konsequenz gelebt. Aktion und Kontemplation sind so nicht in Konkurrenz miteinander zu sehen, sondern sie bilden eine Einheit.

Auch im ökumenischen Gespräch und im Dialog der Religionen bietet Therese gute Ansatzmöglichkeiten.[474]

Therese steht in der Gefahr, wegen ihrer existentiellen Ausrichtung, die objektive Wahrheit in das subjektive ihrer Erfahrung des 'kleinen Weges' aufgehen zu lassen.[475] Diese Befürchtung ist nicht berechtigt, weil alles, was Therese tut, über die psychologische Ebene hinausgeht. Sie denkt nicht aus psychologischem Interesse über sich nach, „im Vordergrund steht das (objektiv) Neue, das mit ihrem Weg gegeben ist".[476] „Weil Therese [...] die menschliche Armseligkeit an sich selbst entdeckt, ihr Ideal-Ich aufgibt, wird sie in dieser Armseligkeit zur Trägerin der Botschaft Gottes."[477] Therese verlässt den traditionellen Weg des Ordens, als sich ihr äußeres Leiden zum inneren Leiden der Seele umwandelt. Deshalb muss die 'Psychologisierung' theologischer Wahrheiten bei ihr als Verinnerlichung des äußeren Glaubensweges angesehen werden.[478] Thereses Subjektivität ist objektiv, weil sie nichts anderes lebt und lehrt als die Erfüllung des Willens Gottes.[479] Die Heiligsprechung der kleinen Therese ist nicht nur eine Kanonisierung ihrer Person, sondern auch ihrer Lehre.[480]

Anstößig bei der 'kleinen' Therese ist ihre zwischenzeitlich übertriebene Leidensliebe, die so weit geht, dass sie sogar 'Freude' im Leiden findet. Es gab eine Phase in ihrem Leben, in der sie eine regelrechte Leidenssehnsucht entwickelt hat. Doch hat sie diese 'Auswüchse' durch ihre vollständige gelebte Hingabe im Juni 1895 überwunden.

Eugen Drewermann nennt diese Leidensliebe einen „masochistischen Triumph der Selbstzerstörung",[481] und ist entsetzt, dass H. U. von Balthasar, W. Nigg und I.F. Görres nicht protestieren.[482] Was Balthasar das Geheimnis der Inklusion des Christen in die Stellvertretung Christi nennt (Hingabe), ist für Drewermann vornehmlich die Entmündigung des Ichs durch ein Freudsches Über-Ich.[483] Die Relation von Ich und Über-Ich projiziert Drewermann auf das Verhältnis vom Willen des Menschen zum Willen Gottes. Für Drewermann ist die Erfahrung gelebter Hingabe Zeichen einer Zwangsneurose. Jeder entmündigt sich, wenn er mit Paulus spricht: „Nicht mehr ich lebe, sondern Christus lebt in mir." (Gal 2,20) Die Passivität und die Aktivität, der Wille Gottes und der Wille des Menschen sind direkt proportional. Je mehr der Mensch seinen Willen hingibt, desto mehr ist er fähig, den Willen Gottes zu tun. Aber der Wille Gottes ist dann nicht mehr vom Willen des Menschen zu unterscheiden. Es ist eine direkte Proportionalität von Einheit mit und Verschiedenheit von Christus. So kann Therese zurecht behaupten: *„Mein ganzes Begehren ist nur sein Wille."*[484] Der Mensch findet in dem Maße zu sich selber, wie er sich selber überschreitet.

Dass Liebe die Gestalt des Kreuzes annimmt, kann nur mit der faktischen Untrennbarkeit von Liebe und 'Frei-lassung' des anderen als des anderen beantwortet werden.[485] Wer einen Menschen liebt, zwingt nicht, sondern hofft; er ermöglicht Freiheit, die auch gegen den Liebenden gerichtet sein kann. Er 'er-leidet' die Andersheit des anderen.[486]

Man kann der hl. Therese vorwerfen, hinter der positiven Haltung dem Leiden gegenüber verberge sich eine zynische Ideologie, die dem Liebenden einredet, er diene einem höheren Zweck. Für Drewermann ist Christus nicht das ganz beim Du seiende Ich, sondern das Ich, das ganz bei sich selber ist, und so absolut aggressions- und gewaltfrei ist.[487] Drewermann übergeht die Logik des Evangeliums, dass wer sein Leben verliert, es hingibt für die anderen, es in Wahrheit gewinnt.[488] „Wäre Therese masochistisch gewesen, hätte sie sich in das Leiden über seine [Gottes] Abwesenheit [in der Glaubensnacht] vergraben; sie wäre mit Wonne darin versunken."[489] Thereses Leidensliebe ist eine noch nicht vollkommene Vorstufe auf dem Weg der Hingabe. Weil Drewermann die Hingabe nicht als Ausdruck der Liebe versteht, bleibt für ihn Therese unverständlich.

Das Vorbild und die Fürbitte der Heiligen sind und bleiben unerlässlich, denn: „Keine Philosophie (oder Psychologie) wird die Theologie jemals befähigen, die ihr vorgegebene Offenbarung und deren Gegenwart in der Existenz der Gläubigen reflex einzuholen."[490] Es gibt einen Vorsprung der erfahrenen vor der reflektierten Wirklichkeit.[491]

1933 schreibt Edith Stein über Therese: „Mein Eindruck ist der, dass hier ein Menschenleben einzig und allein von der Gottesliebe bis ins Letzte durchgeformt ist. Etwas Größeres kenne ich nicht, und davon möchte ich soviel wie möglich in mein Leben hineinnehmen und in das aller, die mir nahestehen."[492]

Ich wünsche mir, dass die Haltung der Liebe und des Vertrauens der kleinen Therese mehr in der wissenschaftlichen Reflektion Beachtung findet, dass die Theologie mehr eine liebende als eine streitende ist denn: „Die Liebenden wissen am meisten von Gott, ihnen muss der Theologe zuhören."[493]

Abkürzungsverzeichnis

AP	Apostolischer Informationsprozess, in: Prozesse der Selig- und Heiligsprechung der heiligen Theresia vom Kinde Jesus und vom Heiligen Antlitz, Theresienwerk (Hrsg.) Bd. 2.
B	Therese Martin: Briefe. Deutsche authentische Ausgabe, Leutesdorf 1983. (Die Nummer des Briefes wird angegeben.)
BP	Bischöflicher Informationsprozess, in: Prozesse der Selig- und Heiligsprechung der heiligen Theresia vom Kinde Jesus und vom Heiligen Antlitz, Theresienwerk (Hrsg.) Bd. 1.
LG	Therese Martin: Ich gehe ins Leben ein. Letzte Gespräche der Heiligen von Lisieux, Leutesdorf 1992. (Es wird das Datum angegeben, Tag und Monat, und die Nummer des Gespräches vom Tag. z.B. 18.07.2)
MST	Celine Martin: Meine Schwester Therese. Ratschläge und Erinnerungen, gesammelt von Sr. Genevieve vom Heiligsten Antlitz, leibliche Schwester und Novizin der heiligen Therese vom Kinde Jesus, Wien 1961.
SS	Therese vom Kinde Jesus: Selbstbiographische Schriften. Authentischer Text, Einsiedeln 1958.
NC	Thomas von Kempen: Die Nachfolge Christi, hrsg. und übers. von Wendelin Meyer, Kevelaer 1990.

Anm.	Anmerkung
Bd.	Band
bes.	besonders
ders.	derselbe
f.	folgende (Seite)
ff.	folgende (Seiten)
Hrsg.	Herausgeber
Übers.	Übersetzer

Literaturverzeichnis

Quellen

KARMEL VON LISIEUX: Kleiner Katechismus über den Akt der Hingabe der heiligen Theresia vom Kinde Jesus als Ganz-Brandopfer an die Barmherzige Liebe des Lieben Gottes, in: Ernst Gutting, Nur die Liebe zählt, Leutesdorf ^{7}1977,133-163.

MARTIN, CELINE: Meine Schwester Therese. Ratschläge und Erinnerungen gesammelt von Sr. Genevieve vom Heiligsten Antlitz, leibliche Schwester und Novizin der heiligen Therese vom Kinde Jesus, Wien 1961.

MARTIN, ZELIE: Briefe der Mutter der hl. Therese von Lisieux, Leutesdorf ^{2}1985.

SAINTE THÉRÈSE DE L'ENFANT-JESUS ET LA SAINTE-FACE: Œuvres Complètes. Textes et Derniers Paroles, Paris 1996.

SAINTE THÉRÈSE DE L'ENFANT-JESUS: Manuscripts autobiographiques, 3 Bd.e (1 Introduction; 2 Notes et Tables; 3 Table des Citations) und Faksimile, Lisieux 1956.

STERTENBRINK, RUDOLF: Allein die Liebe. Worte der heiligen Theresia von Lisieux, Freiburg; Basel; Wien 1980.

THERESE MARTIN: Briefe. Deutsche authentische Ausgabe, Leutesdorf 1983.

THERESE MARTIN: Ich gehe ins Leben ein. Letzte Gespräche der Heiligen von Lisieux, Leutesdorf 1992.

THERESE VOM KINDE JESUS: Selbstbiographische Schriften. Authentischer Text, Einsiedeln 1958.

THERESE VON LISIEUX: Gebete der Liebe. Waltraud Herbstrith (Einf.), München; Zürich; Wien 1990. (Keine vollständige Übersetzung)

THERESE VON LISIEUX: Gedichte. Eine Prosaübersetzung, Maximilian Breig (Hrsg., Übers.), Leutesdorf 1990.

THERESE VON LISIEUX: Lieder der Liebe. Gedichte und Gedanken, Fr. Xaver Janssen (Übers.), Münsterschwarz 1996.

THERESE VON LISIEUX: Schriften und Aufzeichnungen. Aus dem Nachlaß der Heiligen, hrsg. vom Theresienwerk e.v., Harald Beck (Übers.), Andreas Wolbold (Einl.), Leutesdorf 1996.

THERESIENWERK E.V.(Hrsg.): Prozesse der Selig- und Heiligsprechung der heiligen Theresia vom Kinde Jesus und vom Heiligen Antlitz, Bd. 1 Bischöflicher Informationsprozess, Bd. 2 Apostolischer Prozess, Karlsruhe 1993.

Sekundär Literatur

ADELKAMP, ALFONS-W.: Jesus – unser Bruder. Die Christusgestalt der Therese von Lisieux, Frankfurt 1978.

ALVAREZ, TOMÁS: Die beiden hl. Teresas. Mutter und Tochter, in: Christliche Innerlichkeit 32 (1997), 84-88.

ARCANGEL OCD, Die heilige Therese in Ägypten, in: Christliche Innerlichkeit, 32 (1997) 142f.

AZCUY, VIRGINIA: „Etwas Größeres kenne ich nicht". So denkt Edith Stein über Therese von Lisieux, in: Christliche Innerlichkeit 32 (1997), 95-99.

AZCUY, VIRGINIA: Therese als „gelebte Theologie" nach Hans Urs von Balthasar, in: Internationale Katholische Zeitschrift „Communio" 26 (1997) 298-310.

BALTHASAR, HANS URS VON: Aktualität von Lisieux, in: Geist und Leben 46 (1973) 126-142.

BALTHASAR, HANS URS VON: Glaubhaft ist nur die Liebe, Einsiedeln ^{4}1975.

BALTHASAR, HANS URS VON: Schwestern im Geist. Therese von Lisieux und Elisabeth von Dijon, Einsiedeln 1970.

BALTHASAR, HANS URS VON: Verbum Caro. Skizzen zur Theologie I, Einsiedeln 1960.

Literaturverzeichnis

BECK, MAGNUS: Liebe – die bis ans Ende geht. Christliche Spiritualität im Blick auf Therese von Lisieux, St. Ottilien ²1977.

BEIERLE, THEOPHAN: Mein Weg ist ganz Vertrauen und Liebe! Therese von Lisieux – Lehrmeisterin des Vertrauens, in: Christliche Innerlichkeit 19 (1984) 253-262.

BRAUN, KARL HEINZ: Ich habe meinen Platz in der Kirche gefunden. Therese von Lisieux und die nachkonziliare Krise der Kirche, Leutesdorf ²1987.

CHALMERS, JOSEPH; MACCISE, CAMILO: Therese für uns, Auszug aus dem Rundbrief der Generaloberen O. Carm. und O.C.D. aus Anlaß des 100. Todestages der heiligen Therese von Lisieux, in: Christliche Innerlichkeit 31 (1996), 174-180.

COMBES, ANDRE: Der geistige Weg der hl. Theresia vom Kinde Jesus, in: Jahrbuch Mystische Theologie 2 (1956) 9-39; 3 (1957) 97-134; 4 (1958) 91-131.

COMBES, ANDRE: Die Heilandsliebe der hl Theresia von Lisieux, Freiburg/Schweiz 1950.

COMBES, ANDRE: Die Heilige des Atomzeitalters, Therese von Lisieux, Wien 1956.

COMBES, ANDRE: Die heilige Theresia von Lisieux und ihre Mission. Zwei am 19. und 20. November 1953 in der Wiener Katholischen Akademie gehaltene Vorträge, in: Jahrbuch Mystische Theologie 1 (1955) 9-58.

COMBES, ANDRE: Einführung in das Geistleben der heiligen Theresia vom Kinde Jesus, Trier 1951.

DELBRÊL, MADELEINE: Liebende Menschen, in: Internationale Katholische Zeitschrift „Communio" 26 (1997) 325-329.

DEUTSCHE BISCHOFSKONFERENZ (Hrsg.): Katholischer Erwachsenen-Katechismus. Das Glaubensbekenntnis der Kirche, Kevelaer 1985.

DEVERGNIES, GENEVIEVE: Therese und ihre Kommunität, in: Christliche Innerlichkeit, 31 (1996) 162-170.

DREWERMANN, EUGEN: „An ihren Früchten sollt ihr sie erkennen". Antwort auf Rudolf Peschs und Gerhard Lohfinks „Tiefenpsychologie und keine Exegese", Olten - Freiburg 1988.

DREWERMANN, EUGEN: Kleriker. Psychogramm eines Ideals, Olten - Freiburg ⁴1989.

FABER, EVA-MARIA: „Das verborgene Antlitz". Zur Theresebiographie der Ida Frederike Görres, in: Internationale Katholische Zeitschrift „Communio" 26 (1997) 291-297.

GAUCHER, GUY: „Muß ich auch wandern im finsteren Tal und im Schatten des Todes..." Wie Therese von Lisieux um die Hoffnung rang, in: Christliche Innerlichkeit 28 (1993) 114-116.

GAUCHER, GUY: Chronik eines Lebens. Schwester Therese vom Kinde Jesus vom heiligen Antlitz, Therese Martin (1873-1897), Leutesdorf 1987.

GAUCHER, GUY: Der Leidensweg der heiligen Therese von Lisieux. 4. April bis 30. September 1897, Leutesdorf ²1985.

GAUCHER, GUY: Die heilige Theresia von Lisieux. Von Lisieux bis zu den äußersten Enden der Welt, Office Central de Lisieux, Edition du Signe (Hrsg.), Strasbourg 1995.

GESHAKE, GISBERT: Der dreieine Gott. Eine trinitarische Theologie, Freiburg i. Br. 1997.

GNILKA, JOACHIM: Das Evanglium nach Markus (Evangelisch-Katholischer Kommentar zum NT II), 2 Bde., Zürich - Neukirchen-Vluyn ³1989.

GÖRRES, IDA FRIEDERIKE: Das verborgene Antlitz. Neue Deutung, Freiburg i.Br. ⁹1964.

GÖRRES, IDA FRIEDERIKE: Der göttliche Bettler und andere Versuche, Frankfurt a.M. 1959.

GRIALU, MARIA-EUGEN: Ich will Gott schauen. Weg des Getauften mit den Meistern des Karmel, Freiburg (Schweiz) 1993.

GRIALU, MARIA-EUGEN: Meine Berufung ist die Liebe. Die Botschaft der heiligen Theresia von Lisieux, Leutesdorf 1992.

GUERRA, AUGUSTO: Zur Frage des Jansenismus im Lebensumfeld Thereses von Lisieux, in Christliche Innerlichkeit, 31 (1996) 147-153.

GUTTING, ERNST: Die entblätterte Rose, in: Therese von Lisieux, zur Aktualität einer Heiligen, Michael Plattig (Hrsg.), Würzburg 1997, 11-25.

GUTTING, ERNST: Nur die Liebe zählt, die Mission der Theresia Martin, ein Weg für alle, Leutesdorf ^{7}1977.

GUTTING, ERNST: Theresia von Lisieux - ein Wort Gottes für die Welt von heute, Leutesdorf ^{2}1995.

HERBSTRITH, WALTRAUD: Das Große im Kleinen, in: Christ in der Gegenwart, 1980, 380.

HERBSTRITH, WALTRAUD: Therese von Lisieux, Theologie der Sehnsucht, in: Michael Plattig (Hrsg.): Therese von Lisieux. Zur Aktualität einer Heiligen, Würzburg 1997, 97-116.

HERBSTRITH, WALTRAUD: Therese von Lisieux. Geschichte eines angefochtenen Lebens, München-Zürich-Wien 1994.

HERBSTRITH, WALTRAUD: Wer ist Therese von Lisieux, in: Christliche Innerlichkeit 8 (1972/73) 15-25.

JACKEL, MICHAEL: Heimat und Heimatlosigkeit bei Therese von Lisieux, in: Michael Plattig (Hrsg.): Therese von Lisieux, zur Aktualität einer Heiligen, Würzburg 1997, 79-96.

JACKEL, MICHAEL: Therese von Lisieux. in: Christliche Innerlichkeit, 31 (1996), 136-146.

JOHANNES PAUL II.: Der Geist der Kindschaft. Predigt in Lisieux vom 2. Juni 1980, in: AAS 72 (1980) 752-755.

JOHANNES PAUL II: Die Erlösende Kraft des Leidens, in: OR 18 (1988) 47.

JOHANNES PAUL II: Die Schule des Evangeliums eröffnet den Weg zu christlicher Reife. Theresia vom Kinde Jesus wird am 19. Oktober als dritte Frau zur Kirchenlehrerin erhoben (Angelus am 24.08.1997), in: OR 27 (1997) 35.

JOHANNES PAUL II: Mission und Gebet als Einheit von Wort und Tat, Botschaft zum Weltmissionssonntag am 19.10.1997, in: OR 27 (1997) 23.

JOHANNES VOM KREUZ: Geistlicher Gesang (Sämtliche Werke 4), hrsg. und übersetzt von P. Aloysius von der unbefl. Empfängnis OCD, München ⁵1987.

JOHANNES VOM KREUZ: Lebendige Liebesflamme (Sämtliche Werke 3), hrsg. und übersetzt von P. Aloysius von der unbefl. Empfängnis OCD, München ⁶1979.

KATHOLISCHE KIRCHE: Katechismus der Katholischen Kirche, München; Vaticana 1993.

KLEIN, KARL: Der Glaube an der Wende der Neuzeit, München-Paderborn-Wien 1962.

LOHMER, ALEXANDER: Naivität und Piätät, Weisheit und Heiligkeit. Elemente theresianischer Spiritualität in Werk und Denken Peter Wusts, in: Internationale Katholische Zeitschrift „Communio" 26 (1997) 311-324.

LOOSE, HELMUT NIELS; DESCOUVEMONT, PIERRE; BREIG, MAXIMILIAN (Übers.); THERESIENWERK E.V. (Hrsg.): Theresia und Lisieux, Karlsruhe 1995.

LÖSER, WERNER: Die große Erfahrung und der kleine Weg. Zwei Zeugnisse über religiöse Erfahrung, in: Geist und Leben 49 (1976), 1-7.

MEESTER, CONRAD DE (Hrsg.): Therese von Lisieux, Leben - Botschaft - Umwelt, Wien 1997.

MEESTER, CONRAD DE: Auf dem Weg mit Therese, in: Gegenwart Gottes Nr. 16.

MEESTER, CONRAD DE: Ich gebe mich Deiner Liebe hin. Therese von Lisieux, in: Gegenwart Gottes 3 (1995) Nr. 11.

MEESTER, CONRAD DE: Kind sein wie Jesus Christus in den Augen von Therese von Lisieux, in: Christliche Innerlichkeit 29 (1994) 184-189.

MEESTER, CONRAD DE: Mit leeren Händen. Die Botschaft der hl. Therese von Lisieux, Wien 1995 (auch im Internet: http://www.ocd.or.at/lit).

MENKE, KARL-HEINZ: Stellvertretung. Schlüsselbegriff christlichen Lebens und theologische Grundkategorie, (Sammlung Horizonte 29) Einsiedeln, Freiburg 1991.

MERKLEIN, HELMUT: Die Jesusgeschichte – Synoptisch gelesen, Stuttgart 1995.

NIGG, WALTER: Große Heilige, Zürich 1986, 485-525.

NOCKE, FRANZ JOSEF: Allgemeine Sakramentenlehre, in: Handbuch der Dogmatik 2 188-226.

OLEA, ANTONIO: Therese und ihre Familie, in: Christliche Innerlichkeit, 31 (1996), 154-161.

OLEA, ANTONIO: Therese, in: Christliche Innerlichkeit 31 (1996), 171-172.

OTT, ELISABETH: Die dunkle Nacht der Seele - Depression? Untersuchung zur geistlichen Dimension der Schwermut, Schaffhausen 1982, 170-197.

PAUL VI.: Therese vom Kinde Jesus und die geistlichen Erfordernisse unserer Zeit, in: Christliche Innerlichkeit, 32 (1997), 137-139.

PIAT, STEPHANE-JOSEPH: Geschichte einer Familie. Im Elternhaus der heiligen Therese vom Kinde Jesus, Eine Schule der Heiligkeit. Leutesdorf 1983.

PIEPER, JOSEF: Über die Liebe, München 1972.

PIUS XII., Wir haben uns väterlich gefreut. Botschaft zum Nationalkongress anläßlich des 50. Todestages der hl. Therese von Lisieux, in: Christliche Innerlichkeit, 32 (1997) 134-136.

PLATTIG, MICHAEL: Therese von Lisieux - Die Geschichte einer Seele als Befreiungsgeschichte, in: Michael Plattig (Hrsg.): Therese von Lisieux, Zur Aktualität einer Heiligen, Würzburg 1997, 117-149.

RAHNER, KARL: Tod als Aufgang des Lichts, Beitrag anläßlich der Feier des 100. Geburtstages der hl. Therese von Lisieux in: Christliche Innerlichkeit 8 (1972/73) 34-36.

RAHNER, KARL; VORGRIMLER, HERBERT: Kleines Konzilskompendium, Sämtliche Texte des Zweiten Vatikanums, Freiburg i.Br. ^{22}1990.

RATZINGER, JOSEF: Der Gott Jesu Christi. Betrachtungen über den Dreieinigen Gott, München 1976.

RATZINGER, JOSEF: Dogma und Verkündigung, München 1973.

RATZINGER, JOSEPH: Einführung in das Christentum, München 1968.

REISENBERGER, PHILIPPUS: Therese von Lisieux. Freude – Frucht des Kleinen Weges, Maria Roggendorf 1995.

RUIZ, FREDERICO: Therese und der hl. Johannes vom Kreuz, in: Christliche Innerlichkeit 32 (1997) 90-94.

SCHEFFCZYK, LEO: Ich bin gekommen, um Seelen zu retten. Therese von Lisieux und die Heilsaufgabe des Christen, in: Heilsverantwortung bei Therese von Lisieux, Theresienwerk e.V. (Hrsg.), Leutesdorf 1976.

SCHMITT, THOMAS: Johannes Paul II. und Therese von Lisieux, in: Internationale Katholische Zeitschrift „Communio" 26 (1997) 330-337.

SCHNEIDER, MICHAEL: Krisis. Zur theologischen Deutung von Glaubens- und Lebenskrisen. Ein Beitrag der theologischen Anthropologie, in: Frankfurter theologische Studien Band 44. Hrsg. von Johannes Beutler, Erhard Kunz, Klaus Schatz, Frankfurt 1993, 203-259.

SCHNEIDER, ODA: Die mystische Erfahrung, Aschaffenburg 1965.

SCHNEIDER, ODA: Mutter Agnes von Jesus. Die Schwester der heiligen Theresia vom Kinde Jesus, Trier 1962.

SIX, JEAN-FRANCOIS: Licht in der Nacht. Die (18) letzten Monate im Leben der Therese von Lisieux, Würzburg 1997.

SIX, JEAN-FRANCOIS: Thesesia von Lisieux. Ihr Leben, wie es wirklich war, Freiburg i.Br. 1976.

SKALA, BENNO: „Ich wähle alles, was du willst." Therese von Lisieux, in: Christliche Innerlichkeit 31 (1996) 73-78.

STEIN, EDITH: Selbstbildnis in Briefen. Erster Teil 1916-1934, in: Edith Steins Werke 8, Freiburg 1976.

STERTENBRINK, RUDOLF: Du trägst das All und denkst an mich. Die Spiritualität des Kleinen Weges der heiligen Therese von Lisieux, Leutesdorf ²1992.

SUDBRACK, JOSEF: Six, Jean-Francois. Theresia von Lisieux, in Geist und Leben 50 (1977) 79-80.

THOMAS VON KEMPEN: Die Nachfolge Christi, hrsg. und übers. von Wendelin Meyer, Kevelaer 1990.

VICTOR DE LA VIERGE: Theresia von Lisieux. Lehrmeisterin des geistlichen Lebens nach den authentischen Handschriften, Friedberg ²1983.

WICKERT, ULRICH: „Ich will meinen Himmel damit verbringen, auf Erden Gutes zu tun." Die Vergegenwärtigung der rettenden Christustat durch Therese von Lisieux, in: Heilsverantwortung bei Therese von Lisieux, Theresienwerk e.V. (Hrsg.), Leutesdorf 1976.

WOLBOLD, ANDREAS: „Alles ist verschwunden". Die Wiederentdeckung der Anrede Gottes bei Therese, in: Internationale Katholische Zeitschrift „Communio" 26 (1997) 356-367.

WOLBOLD, ANDREAS: Geistlich leben mit Therese von Lisieux (1-4), in: Karmel Impulse 6 (1996), Heft 1-4 jeweils 5-9.

WOLBOLD, ANDREAS: Ich besinge, was ich glauben will. Die Gedichte der heiligen Theresia von Lisieux, Leutesdorf 1995.

WOLBOLD, ANDREAS: Therese lesen. Eine Hinführung zu ihrem Werk, in: Michael Plattig (Hrsg.): Therese von Lisieux, Zur Aktualität einer Heiligen, Würzburg 1997, 55-78.

WOLBOLD, ANDREAS: Therese von Lisieux. Eine mystagogische Deutung ihrer Biographie. Studien zur systematischen und spirituellen Theologie (StSSTh) Bd.11. Herausgegeben von Gisbert Greshake, Medhard Kehl und Werner Löser, Würzburg 1994.

Verweise

[1] Andre Combes hat ein Buch über Thereses Auffassung vom Leiden veröffentlicht, doch geht er mehr auf die historische Entwicklung als auf eine systematische Darstellung ein. A. Combes, Sainte Thérèse de l'Enfant-Jésus et la souffrance, Paris 1948, deutsche Übersetzung in: Einführung in das Geistleben der heiligen Theresia vom Kinde Jesus, Trier 1951, 299-458. Auch G. Gaucher hat eine Leidenschronik veröffentlicht, in der er die Krankheitsgeschichte der letzten 18. Monate beschreibt. G. Gaucher, Der Leidensweg der heiligen Therese von Lisieux. 4. April bis 30. September 1897, Leutesdorf ²1985.

[2] Therese vom Kinde Jesus, Selbstbiographische Schriften (SS). Authentischer Text, Einsiedeln 1958. Therese Martin, Briefe (B). Deutsche authentische Ausgabe, Leutesdorf 1983. Maximilian Breig (Hrsg.); Therese von Lisieux, Gedichte. Eine Prosaübersetzung, Leutesdorf 1990.

[3] Therese Martin, Ich gehe ins Leben ein. Letzte Gespräche der Heiligen von Lisieux (LG), Leutesdorf 1992. Die „Letzten Gespräche" haben nicht denselben historischen Stellenwert wie ihre authentischen Texte. Six lehnt die „Letzten Gespräche" und alles, was Pauline (Sr. Agnes de Jesus) überarbeitet hat, vollständig ab. (Vgl. Six, Licht in der Nacht. Die (18) letzten Monate im Leben der Therese von Lisieux, Würzburg 1997, 201-217). Für Wolbold sind selbst die 7000 Korrekturen Paulines meist nur minimale Veränderungen., die den Sinn der 'historischen' Therese nicht verstellen. Auch nach der kritischen Herausgabe ihrer Autobiographie 1956 „wurde nur eine Maus geboren". (Wolbold, Therese lesen, eine Hinführung zu ihrem Werk, in: Therese von Lisieux. Zur Aktualität einer Heiligen, Michael Plattig (Hrsg.) Würzburg 1997, 55-78, 57). So stellte I.F. Görres fest: „Therese könnte so gewesen sein, wie sie wirklich war." (Görres, Der göttliche Bettler und andere Versuche, Frankfurt a.M. 1959, 53). Görres untersucht Therese unter psychologischen Aspekten und hat oft Schwierigkeiten im Umgang mit Therese, und doch gehört „Das verborgene Antlitz" zu den ihr selbst liebsten Büchern. Görres wird zu einer Anwältin der kleinen Therese. (Vgl. Eva-Maria Faber, „Das verborgene Antlitz". Zur Theresebiographie der Ida Frederike Görres, in: Internationale Katholische Zeitschrift „Communio" 26 (1997) 291-297, 296).

[4] Celine Martin, Meine Schwester Therese (MST). Ratschläge und Erinnerungen gesammelt von Sr. Genevieve vom Heiligsten Antlitz, leibliche Schwester und Novizin der heiligen Therese vom Kinde Jesus, Wien 1961. Prozesse der Selig- und Heiligsprechung der heiligen Theresia vom Kinde Jesus und vom Heiligen Antlitz, hrsg. vom Theresienwerk, Bd. 1 Bischöflicher Informationsprozess (BP), Bd. 2 Apostolischer Prozess (AP), Karlsruhe 1993.

[5] Ich verlasse mich auf die kritischen und wörtlichen Übersetzungen, die vom Theresienwerk (M. Breig) herausgegeben wurden. Vgl. hierzu die Übersetzungen der ersten Strophe von 'Aus Liebe leben!...' mit dem französischen Original:

Therese:	M. Breig:	A. Wolbold:
Au soir d'Amour,	*Am Abend der Liebe,*	*Abend der Liebe,*
parlant sans parabole	*ohne Gleichnis redend,*	*nichts anderes sprachst du*
Jésus disait:	*Sprach Jesus:*	*mehr als dich selbst:*
„Si quelqu'un veut m'aimer	*„Wenn jemand mich lieben will*	*„Wenn einer mich liebt*
Toute sa vie,	*Sein ganzes Leben lang,*	*bis zuletzt,*
qu'il garde ma Parole	*so dass er Mein Wort bewahrt,*	*halte er fest mein Wort.*
Mon Père et moi	*Werden mein Vater und*	*Ich Mein Vater wird kommen*
viendrons le visiter.	*kommen,*	*mit mir,*
Et de son cœur	*ihn zu besuchen.*	*Bleibe zu nehmen in ihm*
faisant notre demeure	*Und wenn er sein Herz*	
Venant à lui,	*zu unserer Bleibe macht,*	
nous l'aimerons toujours!...	*Werden Wir,*	*und stets ihn zu lieben.*
Rempli de paix,	*wenn Wir zu ihm kommen, ihn*	
nous voulons qu'il demeure	*immer lieben!...*	
En notre Amour!..."	*Wir wollen,*	*Voll Frieden bleibe er so*
	dass er von Freude erfüllt bleibe	*in unserer Liebe."*
	In unserer Liebe!..."	

[6] Andreas Wolbold, Therese von Lisieux. Eine mystagogische Deutung ihrer Biographie, Studien zur systematischen und spirituellen Theologie (StSSTh) Bd.11, Gisbert Greshake, Medhard Kehl und Werner Löser (Hrsg.), Würzburg 1994. Conrad de Meester, Mit leeren Händen. Die Botschaft der hl. Therese von Lisieux, Wien 1995.

[7] Hans Urs von Balthasar, Schwestern im Geist. Therese von Lisieux und Elisabeth von Dijon, Einsiedeln 1970. Andre Combes, Einführung in das Geistleben der heiligen Theresia vom Kinde Jesus, Trier 1951.

[8] Vgl. Anm. 39.

[9] Manuskript A, in: SS 3-187. Eine Einführung zu den Selbstbiographischen Schriften findet sich in: BP 543-550. Vgl. Oda Schneider, Mutter Agnes von Jesus. Die Schwester der heiligen Theresia vom Kinde Jesus, Trier 1962, 51-60.

[10] Manuskript B, in: SS 191-208.

[11] Manuskript C, in: SS 211-275.

[12] Weitere Titel und Partonate sind zu finden in: Guy Gaucher, Die heilige Theresia von Lisieux. Von Lisieux bis zu den äussersten Enden der Welt, Office Central de Lisieux, Edition du Signe (Hrsg.) Strasbourg 1995, innerer Umschlag.

[13] Vgl. Zelie Martin, Briefe der Mutter der hl. Therese von Lisieux, Leutesdorf ²1985, vom 03.01.1873.

[14] „Ich bin in unsagbarer Unruhe wegen meiner kleinen Therese. Ich habe Angst, dass sie an einem Darmleiden erkrankt ist; ich bemerke die gleichen beunruhigenden Anzeichen wie bei meinen anderen Kindern. Soll ich auch noch sie verlieren?" (Zelie Martin, Brief vom 17.01 1873).

Verweise

15 „Es geht ihr sehr schlecht, und ich habe keine Hoffnung, sie zu retten. Seit gestern leidet die arme Kleine schrecklich; es zerreißt einem das Herz, sie so zu sehen." (Zelie Martin, Brief vom 01.03.1873).
16 "Ich habe noch nie ein so kräftiges Kind gehabt, ausgenommen das erste." (Zelie Martin, Brief vom 01.06.1874).
17 Vgl. hierzu die Ausführungen von Wolbold, Therese 235-237 und Six, Therese von Lisieux. Ihr Leben, wie es wirklich war, Freiburg i.Br. 1976, 54-58.
18 Vgl. Zelie Martin, Brief vom März 1874.
19 „Meine kleine Therese macht mir Sorge; sie leidet seit Monaten unter Atemnot, die nicht natürlich ist. Sobald sie etwas schnell geht, hört man in ihrer Brust ein seltsames Pfeifen. ... Mein Gott, wie groß wäre mein Schmerz, wenn ich dieses Kind verlöre!" (Zelie Martin, Brief vom 12.11.1876).
20 Combes, Einführung, 319.
21 Vgl. SS 14.
22 Vgl. SS 16, 74, 78, 94.
23 Zur Krankheitsgeschichte der Mutter: Stephane-Joseph Piat, Geschichte einer Familie. Im Elternhaus der heiligen Therese vom Kinde Jesus, Eine Schule der Heiligkeit. Leutesdorf 1983, 299-349.
24 SS 26f.
25 Vgl. Conrad de Meester, Kind sein wie Jesus Christus in den Augen von Therese von Lisieux, in: Christliche Innerlichkeit 29 (1994) 184-189, 185.
26 *„ Meine übergroße Empfindlichkeit machte mich wirklich unausstehlich; wenn es vorkam, dass ich unabsichtlich einen mir lieben Menschen ein bißchen kränkte, so ließ ich, statt mich zu überwinden und nicht zu weinen, den Tränen freien Lauf wie eine Magdalena, was meinen Fehler nur größer machte, statt ihn zu vermindern, und wenn ich mich endlich über die Sache selbst zu trösten begann, weinte ich darüber, geweint zu haben ... Alle Vernunftgründe waren nutzlos, ich vermochte mich nicht von diesem häßlichen Fehler zu befreien."* (SS 93). Eine kurze Charakteristik Thereses bietet Antonio Olea, Therese, in: Christliche Innerlichkeit 31 (1996) 171-172.
27 *„Ich muß Ihnen gestehen, meine Mutter, dass seit Mamas Tod meine glückliche Art sich völlig veränderte; ich, die ich so lebhaft, so mitteilsam war, wurde schüchtern und sanft, über die Maßen empfindlich. Ein Blick genügte, und ich zerfloß in Tränen; niemand durfte sich um mich kümmern, dann war ich zufrieden; ich konnte den Umgang mit fremden Leuten nicht ertragen, und nur im trauten Familienkreis gewann ich meinen Frohsinn zurück."* (SS 29).
28 SS 67.
29 *„Eines Tages fragte mich eine der Lehrerinnen der Abtei, was ich an schulfreien Tagen triebe, wenn ich allein sei. Ich antwortete ihr, dass ich hinter mein Bett ginge in einen leeren Zwischenraum, der sich dort befand, und den ich leicht mit dem Vorhang abschließen konnte, und dass ich dort 'dächte'. – Aber woran denkst du denn? fragte sie mich. – Ich denke an den lieben Gott, an das Leben ... an die EWIGKEIT, kurzum, ich denke!"* (SS 69).
30 *„Manchmal versuchte ich mit meiner kleinen Angelrute zu fischen, aber lieber setzte ich mich für mich allein auf das blumige Gras, dann waren meine*

Gedanken recht tiefsinnig, und ohne zu wissen, was Betrachten heißt, tauchte meine Seele ein in wahres innerliches Gebet... Ich lauschte den Tönen aus der Ferne... Das Säuseln des Windes und selbst die verwehten Klänge der Militärmusik, die bis zu mir herüber drangen, erfüllten mein Herz mit sanfter Schwermut ... Die Erde erschien mir als Ort der Verbannung, und ich erträumte den Himmel." (SS 32). *„Bevor wir aufbrachen, verzehrte ich das Vesperbrot, das ich in meinem Körbchen mitgenommen hatte; das schöne Marmeladebrot, das Sie mir hergerichtet hatten, sah ganz anders aus, anstelle der lebhaften Farbe erblickte ich nur noch eine dünne, blassrote Tönung, ganz vertrocknet und eingezogen... da erschien mir die Welt noch trauriger, und ich begriff, dass erst im Himmel die Freude wolkenlos sein wird."* (SS 32).

[31] Vgl. Jackel, Heimat und Heimatlosigkeit bei Therese von Lisieux, in: Michael Plattig (Hrsg.), Therese von Lisieux, zur Aktualität einer Heiligen, Würzburg 1997, 79-96, 81f.

[32] Vgl. Combes, Einführung, 333.

[33] Vgl. Wolbold, Therese 107. „Als ich traurig und krank im großen Hof umherging, wiederholte ich jene Worte, die in meinem Herzen immer Frieden und Kraft neu werden ließen: 'Das Leben ist dein Schiff und nicht deine Heimat!...' Schon als kleines Kind gaben mir diese Worte jeweils wieder Mut." (SS 85). Die Sehnsucht und die Hoffnung nach dem Himmel wird zur alles überwindenden Kraft des Leidens.

[34] Vgl. Wolbold, Therese 250.

[35] Vgl. Wolbold, Therese 98. „Therese ist in ihrer Jugend fast ganz vom familiären Sinn- und Beziehungsgefüge bestimmt." (Wolbold, Therese 101).

[36] „Ich habe oft sagen gehört, dass die im Pensionat verbrachte Zeit die schönste und angenehmste im Leben sei; für mich traf das nicht zu; die fünf Jahre, die ich dort zubrachte, waren die traurigsten meines Lebens; hätte ich meine geliebte Céline nicht bei mir gehabt, so hätte ich dort keinen Monat ausgehalten, ohne krank zu werden." (SS 46).

[37] SS 53.

[38] Gaucher, Chronik eines Lebens. Schwester Therese vom Kinde Jesus vom Heiligen Antlitz, Therese Martin (1873-1897), Leutesdorf 1987, 64.

[39] Bei der Deutung der Krankheit stehen sich medizinisch-psychologische und übernatürliche Ansätze gegenüber. Robo geht davon aus, dass es sich um eine Neurose handelt, Moore geht von einem organischen Ursprung der Krankheit aus. Dagegen spricht Moneso von einem dämonischen Einwirken. Die gründlichste Untersuchung hat Gryral geleistet. „Danach ist Therese durch die Regression nach dem Tod der Mutter in einen affektiven Rückstand geraten, den die Abhängigkeit von Pauline und später Marie nur verstärkt haben. Die offene Krise sei durch die Trennung von Pauline in dem Augenblick ausgebrochen, als sie sich bei Guerins fern von der affektiven Sicherheit ihrer Familie fühlte." (Wolbold, Therese 261f). E. Ott sieht in der Krankheit einen Vorläufer der 'dunklen Nacht' in den letzten 18 Monaten ihres Lebens. (Vgl. Ott, Die Dunkle Nacht der Seele – Depression? Untersuchung zur geistlichen Dimension der Schwermut, Schaffhausen 1982, 188; vgl. Anm. 211).

Verweise

[40] Gaucher, Chronik, S 65.
[41] Vgl. SS 57.
[42] *„Ich sagte und tat Dinge, die ich gar nicht dachte, fast ständig schien ich in einem Wahn befangen und sagte Worte, die keinen Sinn hatten. [...] Ich schien oft in Ohnmacht zu liegen und machte nicht die leiseste Bewegung, ich hätte darin mit mir vornehmen lassen; was immer man wollte, sogar mich töten, und doch hörte ich alles, was um mich her gesprochen wurde, und kann mich auch noch an alles erinnern."* (SS 59).
[43] SS 58.
[44] *„Da sie auf Erden keinerlei Hilfe fand, hatte sich auch die arme kleine Therese ihrer himmlischen Mutter zugewandt und bat sie von ganzem Herzen, sie doch endlich ihrer zu erbarmen ... Plötzlich erschien mir die Muttergottes schön, so schön, dass ich nie Schöneres gesehen hatte, ihr Antlitz atmete unaussprechliche Güte und Zärtlichkeit; was mir aber bis ins Innerste der Seele drang, das war das 'bezaubernde Lächeln der seligsten Jungfrau'. Da zerstoben alle meine Leiden, zwei dicke Tränen entquollen meinen Augen und rollten lautlos über meine Wangen; aber es waren Tränen ungetrübter Freude."* (SS 62f). Therese erfährt im Lächeln der Muttergottes eine 'übernatürliche' mütterliche Liebe, die sie wieder gesund macht. Der Verlust der Mutter wurde durch die Erfahrung der mütterlichen Liebe geheilt. (Vgl. Elisabeth Ott, Dunkle Nacht 174).
Es gibt im Leben der hl. Therese zwei Punkte, die sie als ein nicht nachzuahmender Mensch erscheinen lässt. Einmal hat Therese die Muttergottes in einer Vision geschaut, zum anderen verliert sie durch ihren Beichtvater ihr Sündenbewusstsein (vgl. Anm. 85). Seitdem Therese Maria zugelächelt hat, und sie geheilt wurde, ist sie, wenn auch für sie unbewusst, das Wunderkind. (Vgl. Balthasar, Schwestern 93). Sie wird im Kloster sehr geschätzt und erfährt große Zuneigung. *„Hier wird mir Ihre mütterliche Fürsorge im Übermaß zuteil, ich fühle die Armut nicht, denn nie hat mir etwas gefehlt. Vor allem aber, hier werde ich geliebt, von Ihnen und von allen Schwestern, und diese Zuneigung tut mir wohl. Darum träume ich von einem Kloster, wo ich unbekannt wäre, wo ich Armut, Mangel an Zuneigung, kurz die Verbannung des Herzens erleiden müsste."* (SS 227f). Seitdem liegt ein Schleier des Geheimnisses und der Bewunderung auf Therese, wogegen sie sich mit aller Kraft wehrt. Sie kämpft mit allen Waffen gegen ein falsches Heiligkeitsideal. Trotz der falschen Vorstellungen einiger Schwestern hat sie gelernt, aus einer Maske echte Worte zu sprechen. (Vgl. Balthasar, Schwestern 97). Trotz dieser Bevorzugung wurde Therese die Heilung zu einer Quelle seelischer Leiden. Sie wollte das Geheimnis wahren, doch fühlte sie sich erraten und sagte es ihren Schwestern, diese verbreiteten es auch im Karmel. (Vgl. SS 64). Therese leidet daran, dass sie meint, das Geheimnis Gottes verraten zu haben, und später meinte sie, gelogen zu haben, weil sich die Klosterschwestern etwas anderes unter der 'Vision' vorgestellt haben.
[45] SS 53.
[46] Vgl. Wolbold, Therese 263.

47 „Es war ein Kuss der Liebe, ich fühlte mich geliebt, und auch ich sprach: „Ich liebe dich und schenke mich dir für immer. Es gab keine Forderungen, keine Kämpfe, Opfer; seit langem hatten sich Jesus und die arme kleine Therese angeblickt und verstanden... An diesem Tag aber war es nicht mehr ein Blick, sondern ein Aufgehen ineinander, sie waren nicht mehr zwei, Therese war verschwunden, wie der Wassertropfen im weiten Meer sich verliert. Jesus allein blieb." (SS 73).

48 „Oh! nein, die Abwesenheit Mamas betrübte mich nicht an meinem Erstkommuniontag: war denn der Himmel nicht in meinem Herzen, und hatte nicht Mama seit langem dort ihren Platz eingenommen. So erhielt ich mit dem Besuch Jesu zusammen auch den meiner lieben Mutter, die mich segnete und sich über mein Glück freute... Ich weinte nicht über Paulines Abwesenheit, gewiss wäre ich glücklich gewesen, sie an meiner Seite zu haben, aber längst war mein Opfer angenommen; an diesem Tage erfüllte die Freude allein mein Herz; ich vereinte mich mit derjenigen, die sich Dem unwiderruflich schenkte, der sich so liebevoll mir schenkte!" (SS 73f). In der Marienweihe am Nachmittag zieht Therese selber den Bogen zu der Heilung durch das Lächeln der Muttergottes. „Mit meinem ganzen Herzen redete ich zu ihr, weihte ich mich ihr, so wie ein Kind sich in die Arme seiner Mutter wirft und sie um ihre Obhut bittet. Mir scheint, die Mutter Gottes musste ihre kleine Blume anschauen und ihr zulächeln, war nicht sie es, die sie durch ein sichtbares Lächeln geheilt hatte?" (SS 74).

49 „Am Vorabend dieser glücklichen Tage nahm mich Marie auf ihren Schoß und bereitete mich vor, wie sie es für meine Erstkommunion getan hatte; ich erinnere mich, dass sie mir einmal vom Leiden sprach und meinte, ich hätte wahrscheinlich diesen Weg nicht zu gehen, sondern der Liebe Gott würde mich immer wie ein Kindlein tragen." (SS 75).

50 „Ich fühlte in meinem Herzen ein großes Verlangen nach dem Leiden erwachen und zugleich die innere Gewissheit, dass Jesus für mich zahlreiche Kreuze bereithielt; da überströmten mich so große Tröstungen, dass ich sie als eine der größten Gnaden meines Lebens betrachte. Das Leiden wurde das, was mich anzog, es besaß Schönheiten, die mich hinrissen, ohne dass ich sie recht kannte. Bis dahin hatte ich gelitten, ohne das Leiden zu lieben; aber von diesem Tage an empfand ich eine wahre Liebe dafür." (SS 75f).

51 Vgl. M. Schneider, Krisis. Zur theologischen Deutung von Glaubens- und Lebenskrisen. Ein Beitrag der theologischen Anthropologie, in: Frankfurter theologische Studien Band 44. Hrsg. von Johannes Beutler, Erhard Kunz, Klaus Schatz, Frankfurt 1993, 203-259, Therese von Lisieux – Krisis als Lebensvollzug.

52 Vgl. Thomas Schmitt, Johannes Paul II. und Therese von Lisieux, in: Internationale Katholische Zeitschrift „Communio" 26 (1997) 330-337, 331.

53 SS 75f.

54 „An diesem Tage erhielt ich die Kraft zu leiden." (SS 77).

55 Wolbold, Therese 266.

56 De Meester, Mit leeren Händen 18.

Verweise

[57] Wolbold, Therese 222; dazu: Six, Therese 10-29.
[58] Der Einfluß des jansenistischen Gottesbildes kommt weniger von der Familie als vielmehr von Abbé Domin und strengen Büchern der Zeit. (Vgl. Wolbold, Therese 252; ders. „Alles ist verschwunden" 360).
[59] „Mich kümmerte es wenig, beachtet zu werden, denn ich hörte den Predigten aufmerksam zu, obwohl ich nicht eben viel davon verstand; die erste, die ich begriff und die mich tief bewegte, war eine Predigt von Abbé Ducellier über das Leiden, und von da an verstand ich alle anderen Predigten." (SS 37).
[60] Therese hat in ihrer Autobiographie 15 Mal die NC zitiert. SS 76, 79, 91, 100, 103, 108, 116, 121, 157, 166, 185, 235, 236.
[61] Combes, Einführung, 126.
[62] SS 100f.
[63] SS 76.
[64] „Hienieden kann uns nichts zufrieden stellen." (B 43b). „Ich finde, dass die Prüfungen sehr viel dazu beitragen, uns von der Erde loszuschälen." (Ebd.). Vgl. B 94; 122; 127; 173; 213; Gedicht 28. Therese will die Freude an all dem verlieren, was nicht direkt mit Gott zu tun hat. Verbunden mit der Weltflucht ist die Fixierung auf den Himmel. Sie gebraucht oft das Bild: 'Morgen werden wir schon im Hafen einlaufen'. (B 94). Ihr Programm lautet: „Unsere Heimat ist im Himmel." (Phil 3,20).
[65] Therese wird später sagen: „Das Größte auf Erden ist die Nächstenliebe. Man liebt Gott, wie man diese übt." (AP 170).
[66] Combes, Einführung S 127.
[67] Wolbold, in: Therese von Lisieux, Schriften und Aufzeichnungen. Aus dem Nachlass der Heiligen, Leutesdorf 1996, 44.
[68] SS 101f.
[69] Einleitung von Arminjon, zitiert nach Combes, Einleitung 129.
[70] Vgl. Combes, Einführung 130.
[71] Vgl. B 57, 94, 107, 157, 169.
[72] Therese nährte sich am Ende ihres Lebens nur vom Wort Gottes. In einer für das Bibellesen wenig aufgeschlossenen Zeit verwirklicht sie das, was das Konzil später für alle Menschen fordert: „Die erhabene Kenntnis Jesu Christi durch regelmäßiges Lesen in den heiligen Schriften" zu erlernen. „Denn ein Nichtkennen der Schrift ist ein Nichtkennen Christi." (Dei Verbum 25). Für Herbstrith und Braun hat Therese durch ihr Lebenszeugnis dem Konzil einen Weg bereitet. (Vgl. W. Herbstrith, Das Große im Kleinen, in: Christ in der Gegenwart, 1980, 380; K.H. Braun, Ich habe meinen Platz in der Kirche gefunden. Therese von Lisieux und die nachkonziliare Krise der Kirche, Leutesdorf ²1987). Durch ihre biblische Verwurzelung konnte sie auch schließlich ihre jansenistischen Vorgaben überwinden. (Vgl. Joseph Chalmers; Camilo Maccise, Therese für uns. Rundbrief der Generaloberen O. Carm. und O.C.D. aus Anlass des 100. Todestages der heiligen Therese von Lisieux, in Christliche Innerlichkeit 31 (1996) 176f). Auch der Weltkatechismus verweist auf die beispielhafte Bedeutung der Hl. Schrift im Leben der kleinen Therese. (Vgl. Katechismus der Katholischen Kirche, München; Vaticana 1993, 127).

[73] Combes, Einführung 125.
[74] 17.-21.05.1885.
[75] Vgl. Gaucher, Chronik 80.
[76] Therese dagegen erschien es so schwer, den lieben Gott zu beleidigen, wenn man ihn wirklich liebt.
[77] SS 154. Ein Grund für die Angst kann die verborgene Eigenliebe im geistlichen Leben sein. Therese ist bemüht, aus eigener Kraft heilig zu werden, doch hat sie noch nicht erkannt, dass die Liebe ein Geschenk Gottes ist. (Vgl. de Meester, Mit leeren Händen 64; Schneider, Krisis 212). Für E. Ott sind die Skrupel ein Ausdruck dafür, dass sie im Grunde ihrer Seele weiß, dass sie nicht wirklich rein ist. In der Gestalt der Skrupel drängt sich ein Sündenbewusstsein auf, das durch die frühe 'Heiligsprechung' durch die Familie verlorengegangen ist. (Vgl. Ott, Dunkle Nacht 180; vgl. Anm. 85).
[78] Vgl. zum Problem des Jansenismus im Umfeld Thereses: Augusto Guerra, Zur Frage des Jansenismus im Lebensumfeld Thereses von Lisieux, in: Christliche Innerlichkeit, 31 (1996), 147-153, bes. 147ff; Michael Jackel, Therese von Lisieux. in: Christliche Innerlichkeit, 31 (1996),136-146, bes. 137f.
[79] Als Therese sich einmal in der Beichte bei P. Youf anklagt, dass sie oft während der Messe den Schlaf nur schwer verhindern kann, weist der Priester sie scharf zurecht, indem er ihr klarmacht, dass sie damit Gott beleidigt! (Vgl. B 112 Anm. 3). Anderen Schwestern droht er damit, dass sie schon mit einem Fuß in der Hölle stehen, und wenn sie so weiter machten, der zweite auch bald dort sein würde.
[80] Vgl Six, Therese 107f.
[81] *„Das Jahr nach meiner ersten Kommunion verlief fast ganz ohne innere Prüfungen für meine Seele, während der Einkehrtage auf meine zweite Kommunion aber wurde ich von der schrecklichen Krankheit der Skrupeln befallen. ... Man muss dieses Martyrium durchgemacht haben, um es recht zu verstehen. Unmöglich könnte ich wiedergeben, was ich während anderthalb Jahren gelitten habe... Alle meine Gedanken und meine einfachsten Handlungen wurden für mich Anlass zur Verwirrung, ich fand nur Ruhe, wenn ich alles Marie anvertrauen konnte, was mich viel kostete, denn ich glaubte mich verpflichtet, ihr auch die ausgefallensten Gedanken mitzuteilen, die ich über sie selbst hatte."* (SS 82).
[82] *„Als ich von Maries Fortgehen erfuhr, verlor mein Zimmer jeden Reiz für mich; keinen Augenblick wollte ich mich von der geliebten Schwester trennen, die so bald entfliehen sollte... Wie viel Geduldsakte habe ich ihr nicht auferlegt! Jedes Mal, wenn ich an ihrem Zimmer vorbeiging, klopfte ich an, bis sie mir auftat, und ich umarmte sie aus ganzem Herzen, ich wollte einen Vorrat an Küssen anlegen für all die Zeit, da ich ihrer entbehren sollte."* (SS 90).
[83] SS 93.
[84] Vgl. SS 177.
[85] Für Balthasar wurde mit der feierlichen Erklärung P. Pichons Thereses Sündenbewusstsein getötet. (Vgl. Balthasar, Schwestern 98). Seitdem spricht Therese nicht mehr von Sünde, sondern von Unvollkommenheiten. Sie wurde

Verweise

von der Gemeinschaft der Sünder getrennt, sie wurde endgültig in die Gemeinschaft der Heiligen gebannt. Als Kind hat Therese ein starkes Sündenbewusstsein. Ihre Ausnahmestellung der 'Sündenlosigkeit' lassen das Verhältnis zur Beichte verkümmern. „Alle Fehler, die Therese berichtet, stammen aus ihrer ersten Jugend. Später hat sie nicht mehr gefehlt. Sie konnte und durfte es nicht." (Balthasar, Schwestern 100). So blieben zentrale Geheimnisse, wie Schuld, Solidarität und Beichte, bei ihr unberührt. Therese dreht sich nicht um die Achse Sünde - Gnade, sondern um die Achse Gnade - Werke. Sie steht in der Dialektik der Heiligkeit.

[86] „*O meine Mutter! vor allem seit dem gesegneten Tag Ihrer Wahl flog ich dahin auf den Wegen der Liebe.*" (SS 178).
[87] LG 31.07.13.
[88] SS 96.
[89] Vgl. ebd.
[90] SS 96f.
[91] Vgl. SS 96.
[92] Vgl. B 201.
[93] SS 95.
[94] Combes, Einführung 363.
[95] Fast alle Biographen sind sich darüber einig, dass dieses unscheinbare Ereignis als wichtigster Wendepunkt im Leben der kleinen Therese zu sehen ist. Doch je nach Ansatz fallen die Begründungen unterschiedlich aus. Psychoanalytisch interessierte Autoren wie Six sehen in der Bekehrung eine Lösung frühkindlicher Konflikte durch den Verlust der Mutter, „der Akt des Übergangs vom Zustand des Kindseins in den Zustand des Erwachsenseins". (Six, Therese 113). Nach Six hat Herr Martin mit seiner ungehaltenen Bemerkung den narzisstischen Spiegel Thereses gebrochen, indem alle anderen nur auf sie hin leben sollten. Auf diese überraschende Tat habe Therese erstmals wieder mit der lange verschütteten Lebenskraft ihrer Kindheit geantwortet. (Vgl. ders. 113-117). Ähnlich argumentiert Herbstrith. Die Trennung Thereses von ihren Schwestern hatte die Stärkung ihres Willens zur Folge nach dem Motto: „Die Natur half sich selbst." (Herbstrith, Therese von Lisieux. Geschichte eines angefochtenen Lebens, München-Zürich-Wien 1994, 53). Die erzwungene Willensentscheidung hat ihre neurotische Passivität gesprengt und das Erwachsenwerden bestätigt. (Vgl. ebd.). Stein hält dieser These entgegen, dass sie genau dem irrealen Wunsch vieler Patienten entspreche, durch das Wunder eines Augenblicks und nicht in langer therapeutischer Arbeit geheilt zu werden. (Vgl. Wolbold, Therese 270). Für J. Sudbrack scheint die psychologische Deutung von Six etwas überzogen. (Vgl. J. Sudbrack, Six, Jean-Francois. Theresia von Lisieux, in: Geist und Leben 50 (1977) 79f). Die meisten Biographen gehen davon aus, dass die 'Bekehrung' einfach eine Überwindung eines Charakterfehlers ist, ohne die Ursachen eingehend zu analysieren. (Vgl. K. Klein, Der Glaube an der Wende der Neuzeit, München-Paderborn-Wien 1962, 361; T. Beierle, Mein Weg ist ganz Vertrauen und Liebe! Therese von Lisieux – Lehrmeisterin des Vertrauens, in:

Christliche Innerlichkeit 19 (1984) 253-262, 259f; P. Reisenberger, Therese von Lisieux. Freude – Frucht des kleinen Weges, Maria Roggendorf 1995, 23). Für Görres wird Therese von der kindischen Egozentrik und Überempfindlichkeit befreit, die wie eine Staubschicht über der klaren Seele lag: „Durch ein Nichts angestoßen (hinter dem doch die gnadenvolle Allmacht steht), fällt wie im Märchen die Haut der Verzauberung, die Maske der Niedrigkeit und Ungestalt ab und enthüllt, was in der langen Spanne der Knechtschaft heimlich reifte." (Görres, Das Verborgene Antlitz. Neue Deutung, Freiburg i.Br. ^{9}1964, 139). Auch diese Deutung steht in der Gefahr, die leidvollen Jahre der Kindheit nicht ernst zu nehmen. Als ein besonderes Eingreifen Gottes deutet Combes das Ereignis von Weihnachten. Er spricht von einem 'eucharistischen Wunder'. (Vgl. Combes, Einführung 362-374, ders., Die Heilandsliebe der hl. Theresia von Lisieux, Freiburg/Schweiz 1950, 43-52, ders., Die hl. Theresia und ihre Mission. Zwei am 19. und 20. November 1953 in der Wiener Katholischen Akademie gehaltene Vorträge, in: Jahrbuch Mystischer Theologie 1 (1955) 9-58, 24-26).

[96] Vgl. Combes, Einführung 365.
[97] Vgl. SS 96.
[98] Vgl. Wolbold, Therese 226, 239; ders. „Alles ist verschwunden". Die Wiederentdeckung der Anrede Gottes bei Therese, in: Internationale Katholische Zeitschrift „Communio" 26 (1997) 356-367, 360.
[99] Vgl. Schneider, Krisis 218. In den Anfängen ist der 'kleine Weg' schon grundgelegt. Aus sich selber vermag Therese nichts, nur mit Gott kann sie die Liebe leben.
[100] „Als ich eines Sonntags die Photographie [eines Bildes] unseres Herrn am Kreuz betrachtete, ward ich betroffen vom Blute, das aus einer seiner Göttlichen Hände floß. Ich empfand tiefen Schmerz beim Gedanken, dass dies Blut zur Erde fiel, ohne dass jemand herzueilte, es aufzufangen. Ich beschloss, im Geiste meinen Standort am Fuße des Kreuzes zu nehmen, um den ihm entfließenden Göttlichen Tau aufzufangen, und begriff, dass ich ihn nachher über die Seelen ausgießen müsse... Der Schrei Jesu am Kreuz widerhallte ununterbrochen in meiner Seele: 'Mich dürstet!' Diese Worte entfachten in mir ein unbekanntes, heftiges Feuer. – Ich wollte meinem Viel-Geliebten zu trinken geben und ich fühlte mich selbst vom Durst nach Seelen verzehrt... Noch waren es nicht Priesterseelen, zu denen es mich hinzog, sondern die der großen Sünder, ich brannte vor Verlangen, sie den ewigen Flammen zu entreißen." (SS 97).
[101] Vgl. II. Teil C Annahme des Leidens ist Mitvollzug der Erlösung.
[102] LG 1.08.1.
[103] Vgl. II. Teil D 2 Missionarische Dimension des Leidens.
[104] „Ich hörte damals von einem großen Verbrecher, der wegen schrecklicher Verbrechen zum Tode verurteilt worden war, alles ließ vermuten, dass er unbußfertig sterben würde. Ich wollte ihn um jeden Preis daran hindern, der ewigen Verdammnis anheimzufallen; um es dahin zu bringen, wandte ich alle erdenklichen Mittel an; wohl wissend, dass ich aus mir selber nichts

vermocht, bot ich dem Lieben Gott alle unendlichen Verdienste Unseres Herrn an und die Schätze der Heiligen Kirche, schließlich bat ich Celine, eine Messe nach meiner Meinung lesen zu lassen" (SS 97f).

[105] Vgl. SS 98.

[106] „Ach! meine Tränen verrieten meine Bewegung, und ich musste mich verstecken ... Pranzini hatte nicht gebeichtet, er hatte das Schafott bestiegen und wollte eben seinen Kopf in das grausige Loch stecken, als er plötzlich, einer jähen Eingebung folgend, sich umwendet, das Kruzifix ergreift, das ihm der Priester hinhielt, und dreimal die heiligen Wunden küsst!... Dann ging seine Seele hin, das erbarmende Urteil Dessen zu empfangen, der verkündet, im Himmel werde mehr Freude sein über einen einzigen Sünder, der Buße tut, als über 99 Gerechte, die der Buße nicht bedürfen." (SS 98f).

[107] Vgl. Gaucher, Chronik 99.

[108] „Ich hatte das erbetene 'Zeichen' erhalten, und dieses Zeichen war das getreue Abbild von Gnaden, die Jesus mir gewährt hatte, um mich zum Gebet für die Sünder anzuspornen. War nicht angesichts der Wunden Jesu, als ich sein Göttliches Blut fließen sah, der Durst nach Seelen in mein Herz eingedrungen? Ich wollte ihnen dies unbefleckte Blut zu trinken geben, das sie von ihren Makeln reinigen sollte, und die Lippen meines ersten Kindes hatten sich auf die heiligen Wundmale gedrückt! ... Welch unsäglich zarte Antwort! ... Oh! seit dieser einzigartigen Gnade wuchs meine Begierde, Seelen zu retten, jeden Tag, mir war, ich hörte Jesus zu mir sagen wie zur Samariterin: 'Gib mir zu trinken!' - Es war ein wahrer Tauschhandel der Liebe; den Seelen gab ich das Blut Jesu, und Jesus bot ich eben diese vom Göttlichen Tau erquickten Seelen an, so glaubte ich seinen Durst zu stillen, und je mehr ich ihm zu trinken gab, desto größer wurde der Durst meiner armen kleinen Seele, und diesen brennenden Durst gab er mir als köstlichsten Trank seiner Liebe." (SS 99).

[109] B 155.

[110] SS 99.

[111] Vgl. B 197, 145, 191.

[112] SS 105.

[113] SS 120.

[114] „Im nächsten Augenblick kniete ich zu Füßen des Heiligen Vaters; nachdem ich seinen Pantoffel geküsst hatte, reichte er mir die Hand, aber statt sie zu küssen, legte ich die meine hinein, schlug meine tränenfeuchten Augen zu ihm auf und rief: 'Heiligster Vater, ich möchte Sie um eine große Gnade bitten!...' - Da neigte der Papst seinen Kopf zu mir herab, so dass sein Gesicht das meine fast berührte, seine schwarzen und tiefgrünen Augen richteten sich auf mich und schienen bis auf den Grund meiner Seele zu dringen. 'Heiligster Vater', sagte ich, 'erlauben Sie mir zu Ehren Ihres Jubiläums mit fünfzehn Jahren in den Karmel einzutreten!'" (SS 137).

[115] SS 138.

[116] Unveröffentlichter Brief von Pauline an Herrn Guerin, vom Oktober 1887. Zitiert nach Combes, Einführung 386.

117 „Oh! Pauline, ich kann Dir nicht sagen, was ich empfand. Ich war wie vernichtet. Ich fühlte mich verlassen, und dann bin ich auch noch so weit, so weit weg. ... Ich möchte weinen, während ich diesen Brief schreibe, das Herz ist mir schwer. Und doch kann mir der liebe Gott keine Prüfungen schicken, die über meine Kräfte gehen. Er hat mir den Mut geschenkt, diese Prüfung zu ertragen. Oh! sie ist sehr groß. Aber Pauline ich bin ja der kleine Spielball des Jesuskindes. Wenn es sein Spielzeug zerschlagen will, steht ihm das frei. Ja, ich will gern alles, was es will." (B 36).

118 Vgl. Benno Skala, „Ich wähle alles, was du willst." Therese von Lisieux, in: Christliche Innerlichkeit 31 (1996) 74. Ähnlich ist es auch bei der Vorbereitung auf die Profess. Thereses Geduld wird auf eine harte Probe gestellt, doch zieht sie wieder Nutzen daraus. (Vgl. SS 163).

119 *Als einen kleinen Ball von keinerlei Wert, den es auf den Boden werfen, mit dem Fuß stoßen, durchbohren, in einem Winkel liegen lassen oder an sein Herz drücken könne, wenn es ihm Freude mache*." (SS 139f).

120 „Im Grunde des Herzens empfand ich tiefen Frieden, da ich tatsächlich alles getan hatte, was in meinen Kräften stand, um dem Ruf Gottes Folge zu leisten. Aber dieser Friede ruhte ganz auf dem Grund, während meine Seele von Bitterkeit erfüllt war, denn Jesus schwieg. Er schien abwesend, nichts verriet mir seine Gegenwart ... Auch an diesem Tage wagte die Sonne nicht zu scheinen, und der schöne, blaue Himmel Italiens hing voll düsterer Wolken und hörte nicht auf, mit mir zu weinen." (SS 139).

121 SS 163f.

122 „Ich fand das Klosterleben so, wie ich es mir vorgestellt habe; kein Opfer überraschte mich, und doch, Sie wissen es, geliebte Mutter, begegneten mir bei meinen ersten Schritten mehr Dornen als Rosen!... Ja, das Leiden streckte seine Arme nach mir aus, und ich warf mich mit Liebe hinein." (SS 153).

123 Vgl. SS 167, 206, AP 830.

124 Vgl. de Meeter, Mit leeren Händen 38.

125 „Keineswegs um mit meinen Schwestern zusammenzuleben, bin ich in den Karmel gekommen, sondern ausschließlich, um dem Rufe Jesu zu folgen. Oh! Ich ahnte wohl, dass dies Zusammenleben mit den eigenen Schwestern eine Quelle ständiger Leiden sein müsse, wenn man der Natur in nichts nachgeben will." (SS 225). „Unsere Mutter, die oft krank war, hatte wenig Zeit, sich mit mir zu befassen. Ich weiß, dass sie mich sehr gern hatte und alles nur mögliche Gute über mich sagte, doch ließ der Liebe Gott es zu, dass sie, ohne es zu wissen, SEHR STRENG war. Ich konnte ihr nicht begegnen, ohne den Boden zu küssen." (SS 155).

126 „Wenn ich von unvollkommenen Seelen spreche, meine ich nicht nur die geistlichen Unvollkommenheiten, denn auch die Heiligmäßigsten werden erst im Himmel vollkommen sein, ich meine den Mangel an Urteil, an Erziehung, die Empfindlichkeit gewisser Charaktere, lauter Dinge, die das Leben nicht sonderlich angenehm machen. Ich weiß wohl, diese Charakterschwächen sind chronischer Art, es gibt keine Hoffnung auf Heilung; ich weiß aber auch, dass meine Mutter nicht aufhören würde, mich zu pflegen, mir Linderung zu

verschaffen, wenn ich mein Leben lang krank bliebe. Daraus ziehe ich folgenden Schluss: Ich muss in der Rekreation, während der Redezeit die Gesellschaft jener Schwestern aufsuchen, die mir am wenigsten angenehm sind, und an diesen verwundeten Seelen das Werk des guten Samariters vollbringen." (SS 259).

[127] Herr Martin reist, ohne jemanden zu informieren, nach Le Havre (23.-27. Juni 1888) und wird dort auf der Post von seiner Tochter Celine wiedergefunden. Vgl. Gaucher, Chronik 135ff.

[128] Herr Martin nannte Therese oft seine kleine Königin. Vgl. SS 15, 26, 32, 37, 39, 41, 44, 74, 82, 96, 106, 107, 116, 140, 158, 170.

[129] *„Zuletzt gingen wir hinauf zum gemeinsamen Abendgebet, und die kleine Königin war ganz allein neben ihrem König und brauchte ihn nur anzusehn, um zu wissen, wie Heilige beten."* (SS 39).

[130] B 58.

[131] Vgl. SS 161.

[132] B 65.

[133] *„Dereinst im Himmel werden wir gerne von unseren glorreichen Prüfungen sprechen, sind wir nicht jetzt schon glücklich, dass wir sie erduldet haben? ... Ja, diese drei Leidensjahre Papas erscheinen mir als die liebenswertesten, die fruchtbarsten unseres ganzen Lebens; ich tauschte sie nicht ein für alle Ekstasen und Offenbarungen der Heiligen, mein Herz fließt über von Dankbarkeit, wenn ich an diesen unermesslichen Schatz denke, der die Engel des Himmlischen Hofes mit einer heiligen Eifersucht erfüllen muss... Mein Verlangen nach Leiden war überreich gesättigt, trotzdem wurde seine Anziehungskraft auf mich nicht geringer, so dass meine Seele bald teilbekam am Leiden meines Herzens."* (SS 161f).

[134] Therese geht so weit, dass die Leidensfähigkeit zu einem Privileg der menschlichen Natur wird. Die Engel können nicht leiden, weswegen sie den Menschen beneiden. Der Gedanke der Privilegierung übernimmt Therese von P. Pichons. Noch sein letzter Brief durchzieht der Gedanke ihrer Privilegierung durch das Leiden. (Vgl. Correspondance général, 2 Bde., Paris 1972-74, 202). P. Pichon nennt Therese eine „Glückliche Privilegierte des Kreuzes". (Ebd. 94).

[135] Vgl. B 67.

[136] *„Will man ein Ziel erreichen, so muss man die Mittel ergreifen; Jesus ließ mich verstehen, dass Er mir Seelen durch das Kreuz schenken wolle, und die Anziehungskraft des Leidens wuchs für mich im Maße, wie das Leiden zunahm. Während 5 Jahren war das mein Weg, nach außen verriet nichts mein Leiden, das um so schmerzhafter war, als ich allein darum wusste. Oh! welche Überraschung werden wir erleben, wenn wir am Jüngsten Tag die Geschichte der Seelen lesen werden !... Wie viele werden sich verwundern, wenn sie den Weg sehen werden, den die meine geführt worden ist!"* (SS 153f).

[137] Vgl. de Meester, Mit leeren Händen 58.

[138] B 89.

[139] Vgl. de Meester, Mit leeren Händen 46. De Meester meint, dass Therese in dieser Zeit hart mit Gott gerungen hat.
[140] SS 177.
[141] „Ja, diese drei Leidensjahre Papas erscheinen mir als die liebenswertesten, die fruchtbarsten unseres ganzen Lebens; ich tauschte sie nicht ein für alle Ekstasen und Offenbarungen der Heiligen, mein Herz fließt über von Dankbarkeit, wenn ich an diesen unermesslichen Schatz denke, der die Engel des Himmlischen Hofes mit einer heiligen Eifersucht erfüllen muss." (SS 161).
[142] De Meester, Mit leeren Händen 49.
[143] Vgl. ebd.
[144] Vgl LG 25.09.2.
[145] B 82.
[146] B 197.
[147] B 213.
[148] „Ach! liebste Schwester, weit entfernt, mich bei Jesus über das Kreuz zu beklagen, das er uns schickt, kann ich die unendliche Liebe nicht begreifen, die ihn dazu bringt, uns so zu behandeln ... Unser lieber Vater muss von Jesus sehr geliebt sein, dass er in dieser Weise leiden muss. Aber findest Du nicht, dass das Unglück, das ihn trifft, geradezu die Vervollständigung seines schönen Lebens ist? ... Ich fühle, dass ich dir Torheiten sage, aber was tut`s, ich denke noch viel anders über die Liebe Jesu. [...] Je größer unsere Leiden sind, desto unendlicher wird unsere Herrlichkeit sein... Oh, versäumen wir die Prüfungen nicht, die Jesus uns schickt. Es ist eine Goldmine, die es auszubeuten gilt." (B 82).
[149] „Es ist mühsam, einen Arbeitstag zu beginnen. [...] Wenn man Jesus noch fühlte, oh! man würde gern alles für ihn tun. Aber nein, er scheint tausend Meilen fern, wir sind mit uns selbst allein." (B 57).
[150] „Die Trockenheit war mein tägliches Brot." (SS 162).
[151] Vgl. II. Teil B.2.a. Gotteserfahrung.
[152] SS 162.
[153] B 112.
[154] Vgl. SS 167.
[155] Vgl. B 196.
[156] Niemals zögerte Therese, sich während ihrer Betrachtung eines Buches zu bedienen. Besser ist es, zu lesen als zu schlafen. So betrachtete sie das Buch von P. Surin, 'Fundamente des geistlichen Lebens' und die Werke des heiligen Johannes vom Kreuz. Ab 1892 benutzte sie keine Betrachtungsbücher mehr, weil sie Therese „restlos kalt ließen". Sie schrieb selber: „Öffne ich ein Buch und wäre es auch das schönste und ergreifendste, so fühlt sich mein Herz beengt und ich lese ohne zu verstehen. Verstehe ich das Gelesene aber, so ist mein Geist wie gebannt, und ich kann nicht mehr betrachten." (SS 184). Das einzige, das ihr hilft, ist die „Nachfolge Christi" und die Heilige Schrift. „Dort schöpfe ich alles heraus, was meine kleine arme Seele benötigt." (SS 184).
[157] „Ich glaube, dass die Eltern ihre kleinen Kinder ebenso liebhaben, wenn sie schlafen, als wenn sie wach sind; ich bin der Meinung, dass die Ärzte ihre

Kranken erst einschläfern, bevor sie zur Operation schreiten; schließlich denke ich auch daran, dass der Herr unsere Gebrechlichkeit kennt und sich dessen bewusst ist, dass wir nur Staub sind." (SS 167).
[158] Vgl. Combes, Einführung 259.
[159] Ebd.
[160] Ebd. 260.
[161] Der schlafende Jesus im Seesturm wird für Therese zum bevorzugten Gleichnis, bei dem sie das Zusammenspiel von Ruhe und Sturm, Abwesenheit und Gegenwart Jesu fasziniert. *„Was tat er während seines sanften Schlummers, und was wurde aus dem kleinen verlassenen Ball? ... Jesus träumte, er spiele noch immer mit seinem Spielzeug, indem er es abwechselnd fallen ließ und, nachdem er es weit wegrollen ließ, wieder aufnahm, er drückte es an sein Herz, ohne jemals mehr zuzulassen, dass es seiner kleinen Hand entgleite ... Sie begreifen, geliebte Mutter, wie sehr der kleine Ball traurig war, als er sich so am Boden liegen sah ... Dennoch hörte ich nicht auf, wider alle Hoffnungen zu hoffen."* (SS 140). Das Bild des Spielzeugs zeigt trotzdem die 'scheinbare' Willkür im Umgang Gottes mit dem Menschen.
[162] Gedicht 17,9.
[163] *„Wie immer schlummerte Jesus in meinem kleinen Nachen. Oh! ich sehe gut, die Menschen lassen Ihn selten ungestört in ihrer Seele schlafen. Jesus ist so müde, sich immer zu verausgaben und entgegenzukommen, dass Er gern die Ruhepause benützt, die ich Ihm anbiete. Er wird vermutlich nicht vor meiner großen Einkehr in der Ewigkeit erwachen; aber dies betrübt mich nicht, es bereitet mir im Gegenteil höchste Freude."* (SS 167).
[164] Vgl. Wolbold, Therese 157.
[165] Vgl. B 197, SS 222f, LG 24.9.10.
[166] Vgl. Wolbold, Therese 156. Therese lernt, in der Trockenheit wirklich zu beten. Ihr Gebet wird ein einfaches Schauen auf die Wahrheit, ein Eintauchen in den Glauben. (Vgl. M. E. Grialu, Meine Berufung 62ff).
[167] Therese verwirft nicht die Askese, doch rückt sie diese ins rechte Licht. Der asketische Mensch kommt schnell in die Gefahr, die Heiligkeit mit Heroismus zu verwechseln. Das Stolzsein auf die eigene Leistung ist ein Hindernis im Vertrauen auf Gott. Therese beweist einen großen Mut ihrer Kommunität gegenüber, indem sie die äußeren Abtötungen für sich ablehnt. (Vgl. Grialu, Meine Berufung 69; vgl. LG 27.07.16). Für Therese ist die beste Askese die gute Erfüllung ihrer Pflichten.
[168] Vgl. B 94; dazu: Waltraud Herbstrith, Wer ist Therese von Lisieux, in: Christliche Innerlichkeit 8 (1972/73) 22f.
[169] Wolbold, Therese 281.
[170] Vgl. ebd.
[171] *„Abends, als ich nach der Matutin den Kreuzweg betete, erschien mir meine Berufung wie ein Traum, ein Wahngebilde; ich fand das Leben im Karmel sehr schön, aber der Teufel gab mir die Gewissheit ein, dass es nicht für mich geschaffen sei, dass ich die Oberen täuschte, wenn ich auf einem Wege fortschritte, zu dem ich nicht berufen sei ... Meine Finsternis war so groß, dass*

ich nichts sah und nichts verstand als nur dies Eine: Ich hatte keine Berufung! ... Ach! wie soll ich meine Seelenangst beschreiben? ... Mir schien (ein absurder Gedanke, der zeigt, dass die Versuchung vom Teufel kam), wenn ich meine Ängste der Novizenmeisterin mitteilte, so würde sie nicht zulassen, dass ich meine Heiligen Gelübde ablegte; anderseits wollte ich den Willen Gottes tun und lieber in die Welt zurückkehren, als meinem eigenen folgend im Karmel bleiben." (SS 168).

172 Vgl. B 45, 52, 57, 72, 74, 80, 83, auch: de Meester, Mit leeren Händen 54.
173 Wolbold, Therese 133.
174 Vgl. ebd.
175 Vgl. SS 157. Vgl. für die Verehrung der Hl. Antlitzes: B 108.
176 Vgl. de Meester, Ich gebe mich deiner Liebe hin. Therese von Lisieux, in: Gegenwart Gottes Nr. 16, 23.
177 Vgl. ders., Mit leeren Händen 48.
178 Vgl. Gedicht 20,2 und 24,24f.
179 Josef Ratzinger, Dogma und Verkündigung, München 1973, 145.
180 *„Nein, singen wir den Lobgesang des Himmels nicht den Geschöpfen ... aber singen wir, wie die Cäcilia, unserem Vielgeliebten in unserem Herzen einen wohlklingenden Lobgesang! ... Der Lobgesang des Leidens, seinem Leiden vereint, ist das, was sein Herz am meisten entzückt! ... Jesus brennt von Liebe zu uns ... schau sein anbetungswürdiges Antlitz! ... Schau diese erloschenen Augen! ... Schau seine Wunden. ... Schau Jesus ins Antlitz... Da wirst Du sehen, wie er uns liebt!"* (B 87).
181 *„Jesus hat uns das bestausgesuchte Kreuz geschickt, das er in seiner unermesslichen Liebe zu erfinden vermochte... Wie sollten wir uns beklagen, wenn er selbst als ein von Gott geschlagener und gedemütigter Mann angesehen wurde!... Göttlicher Liebreiz, bezwinge meine Seele und tröste sie auf wunderbare Weise, jeden Augenblick des Tages! Ah, Jesu Tränen, welches Lächeln!"* (B 108).
182 Vgl. Anm. 403.
183 Vgl. Anm. 305.
184 De Meester, Mit leeren Händen 69.
185 L`abadon B 142. „Abadon" kann mit Hingabe, Gelassenheit, Überlassung beschrieben werden.
186 *Victimes d'holocaustes à votre Amour.* (Ms A 84r°; SS 186).
187 SS 186.
188 Sr. Genevieve de Sainte-Therese (1805–1891) ist Gründerin des Karmels von Lisieux. Zur näheren Beschreibung des Karmels und der einzelnen Schwestern vgl.: Genevieve Devergnies, Therese und ihre Kommunität, in: Christliche Innerlichkeit, 31 (1996) 162-170; Conrad de Meester (Hrsg.), Therese von Lisieux. Leben - Botschaft - Umwelt, Wien 1997; Helmut Niels Loose; Pierre Descouvemont; Maximilian Breig (Üers.); Theresienwerk e.V. (Hrsg), Theresia und Lisieux, Karlsruhe 1995, 102-114, 194f, 204f, 208-212, 236f, 242f.
189 SS 186.

[190] Vgl. Wolbold, Therese 134. „Die Größe der hl. Theresia beruht auf ihrer Entdeckung des göttlichen Erbarmens." (M. E. Grialou, Meine Berufung ist die Liebe. Die Botschaft der heiligen Theresia von Lisieux, Leutesdorf 1992, 52f; dazu: de Meester, Mit leeren Händen, 73f).

[191] Aus dem Buch von Arminjon, Das Ende der gegenwärtigen Welt und die Geheimnisse des zukünftigen Lebens, schreibt Therese einen Abschnitt über den hl. Gleichmut ab, zu dem eine von „Göttlicher Liebe entflammte Seele" gelangen kann. (Vgl. Combes, Der geistige Weg der hl. Theresia vom Kinde Jesus, in: Jahrbuch Mystische Theologie 3 (1957) 97-134, 117).

[192] Vgl. Ignatius von Loyola, Exerzitien Nr. 23, übers. von Hans Urs von Balthasar, Einsiedeln ^{9}1986; auch Werner Löser, Die große Erfahrung und der kleine Weg. Zwei Zeugnisse über religiöse Erfahrung, in: Geist und Leben 49 (1976), 1-7, 4ff.

[193] SS 183. *„Jetzt habe ich keinen Wunsch mehr außer den einen, Jesus bis zur Torheit zu lieben ... Meine kindlichen Wünsche sind verflogen; natürlich schmücke ich noch immer gern den Altar des Kleinen Jesus mit Blumen, aber nachdem er mir die Blume geschenkt hat, die ich begehrte, meine geliebte Celine, verlange ich nach keinen anderen mehr; diese schenke ich ihm als meinen schönsten Strauß ... Ich begehre auch nicht mehr nach dem Leiden oder dem Tod, und doch sind sie mir beide teuer. Nur die Liebe allein zieht mich noch an ... Lange habe ich mir Leiden und Tod gewünscht; das Leiden wurde mir zuteil, und ich glaubte auch, ans Ufer des Himmels zu rühren; ich glaubte, die kleine Blume würde in ihrem Frühling gepflückt werden ... doch jetzt leitet mich nur noch die Hingabe, ich habe keinen anderen Kompass! ... Um nichts kann ich mehr mit Inbrunst bitten als darum, dass sich der Wille Gottes an meiner Seele vollkommen erfülle, ohne dass die Geschöpfe zum Hindernis werden können."* (SS 183).

[194] Die Hingabe ist bei Therese kein psychologischer Vorwand, vor der Realität des Lebens zu kapitulieren. Es ist keine Flucht vor den Hindernissen der Welt, sondern durch die Hingabe wird jedes Leid und jede Freude zu einer Erprobung der göttlichen Tugenden. Vgl. Victor de la Vierge, Theresia von Lisieux. Lehrmeisterin des geistlichen Lebens nach den authentischen Handschriften, Friedberg ^{2}1983, 137.

[195] Therese verliert die Freude an den freudvollen Sachen der Welt. Es besteht die Gefahr, dass Gott kein Raum bleibt, ihr ein anderes Schicksal zu geben als das des Leidens. (Vgl. Balthasar, Schwestern 302). Therese hat von sich aus eine Synthese von Leiden und Seligkeit gemacht. *„Die Kleinen Kreuze sind es, die unser ganzes Glück ausmachen"* (B 148). *„Für Deine Liebe leiden, Meister, ist Seligkeit; Jesus, Geliebter, sterben will ich für Dich."* (Récréations 1,13). *„Welche Süßigkeit, für Gott zu leiden!"* (Gedicht 10,8). Vgl. B 49, Gedicht 47,3. Die Einflüsse der Leidensliebe des hl. Johannes vom Kreuz auf Therese, sind gut zusammengestellt bei Alfons W. Adelkamp, Jesus – unser Bruder. Die Christusgestalt der Therese von Lisieux, Frankfurt 1978, 28f. Bei ihrer ersten hl. Kommunion hatte sie die Sehnsucht zu leiden. Am Ende ihres Leben, als sie allein aus Liebe lebt, relativiert sich die Sehnsucht nach Leiden. Sie hat

keinen Wunsch mehr, außer Jesus zu lieben. Zuerst die Kreuzessehnsucht und jetzt die sanfte Gelassenheit. Das ist die volle Konsequenz ihres 'kleinen Weges'. Sich allein von der Liebe Gottes leiten zu lassen. *„Niemals könnte ich bitten, mir größeres Leiden zu schicken, denn ich bin zu klein."* (LG 11.08.3). „So wird der wahre Verzicht zum Verzicht auf den Verzicht." (Balthasar, Schwestern 303). *„Oh! wie sehnt es* [das Sandkorn Therese] *sich danach, zu nichts zu werden, allen Geschöpfen unbekannt zu sein; arm, klein, wünscht es nichts mehr, nichts als das VERGESSENWERDEN ... nein, nicht Verachtung, Schmähung, das wäre zu ehrenvoll für ein Sandkorn. Verachtete man es, so müsste man es ja sehen. Aber das VERGESSENWERDEN! ... Ja, ich sehne mich danach, vergessen zu werden, und nicht nur von den Geschöpfen, sondern auch von mir selbst."* (B 103, vgl. B 95).

[196] *„Ah! beten wir füreinander, damit wir in gleicher Weise treu sind ... Verwunden wir Jesus durch unseren Blick und durch ein einziges Haar, d.h. durch das Größte und das Kleinste. Verweigern wir ihm nicht das geringste Opfer. Alles ist so groß im Ordensleben ... Aus Liebe eine Stecknadel aufheben, kann eine Seele bekehren. Welches Geheimnis!"* (B 164).

[197] Balthasar, Schwestern 304.

[198] LG 27.05.4; vgl. 02.08.4, 30.08.4, 04.09.7, 05.09.2.

[199] LG 30.08.2; vgl. *„Ach Mütterchen, ich wiederhole Ihnen, ich liebe das eine nicht mehr als das andere.[...] Was der liebe Gott vorzieht und für mich wählt, das ist es, was mir besser gefällt."*(LG 04.09.7). Therese macht einen Unterschied zwischen dem „Nicht-Mehr-Wählen" des Johannes vom Kreuz und ihrem „*Ich-wähle-alles*". (SS 23). Für Johannes vom Kreuz ist die Negativität die notwendige Bedingung für die Vereinigung mit Gott. Therese macht einen Unterschied zwischen der Ergebung in den Willen Gottes und der Gleichförmigkeit mit ihm. (Vgl. LG 23.07.5). Ergebung ist ein Erdulden, ein passives Zulassen des Willens Gottes, Gleichförmigkeit will aktiv den Willen Gottes tun. Therese macht eine Synthese aus dem *„Alles-Wählen"* und dem *„Nicht-Mehr-Wählen"*. (Vgl. Schneider, Krisis 216f).

[200] Auf die Frage, ob Therese enttäuscht sei, wenn sie geheilt werde, da sie doch so eine große Sehnsucht nach dem Himmel habe: „ *Nein, keineswegs ... Ich würde sagen: Ich bin froh, geheilt worden zu sein, um dem lieben Gott auf Erden noch zu dienen, weil es doch sein Wille ist.*" (LG 05.09.2). Und wenn eine so kirchliche Frau, wie Therese es ist, ohne Sakramente sterben müsste? *„Gewiss, es ist eine große Gnade, die Sakramente zu empfangen. Aber wenn es der liebe Gott nicht erlaubt, dann ist es auch so recht. Alles ist Gnade."* (LG 05.06.4). Über das lange Leiden in den letzten Monaten: *„Zu leiden? Aber das gefällt mir ja."* – „Warum?" – *„Weil es dem lieben Gott gefällt."* (LG 29.08.2). Zum einen freut sie sich über den Tod: *„Ich freue mich, nur darum zu sterben, weil der Tod ein Ausdruck des Willens Gottes über mir ist."* (LG 27.07.13) Zum anderen schenkt Gott ihr seinen Willen, um ihn zu lieben: *„Der liebe Gott hat mich immer das ersehnen lassen, was er mir geben wollte."* (LG 13.07.15).

[201] Vgl. B 201.

Verweise

[202] B 129.
[203] *"Es scheint mir, dass wenn unsere Opfer den Herrn gefangen nehmen, es unsere Freuden ebenso sehr tun. Es genügt dazu, dass wir uns nicht selbständig daran klammern, sondern unserem Bräutigam die kleinen Freuden anbieten, die er auf unserem Wege sät, um unsere Herzen zu beglücken und sie zu sich zu erheben."* (B 191).
[204] *"Mein Herz ist voll vom Willen des lieben Gottes; gießt man etwas darüber, so dringt es nicht ein ins Innere, es ist ein Nichts, das leicht abgleitet, so wie Öl sich mit Wasser nicht vermengt. Im Grunde bleibe ich immer in einem tiefen Frieden, den nichts trüben kann."* (LG 14.07.9). *"Ich bin niemals enttäuscht, weil ich mit dem, was der liebe Gott tut, immer zufrieden bin. Ich wünsche nur seinen Willen."* (LG 10.06.1). *"Ich liebe den Tag, so wie die Nacht."* (Gedicht 45,3).
[205] Gedicht 45,2.
[206] *"Diese entblätterte Rose ist das getreue Abbild, göttliches Kind,*
Des Herzens, das sich für dich ohne Einschränkung opfern will in jedem Augenblick.
Herr, mehr als nur eine frische Rose freut sich, auf Deinen Altären zu leuchten;
Sie schenkt sich Dir ... Doch ich träume von etwas anderem!
Nämlich 'mich selbst entblättern!'

Die Rose in ihrer Pracht Dein Fest verschönern, liebenswürdiges Kind!
Die entblätterte Rose aber, – man wirft sie einfach weg, gibt sie dem Winde preis.
Eine entblätterte Rose schenkt sich, ohne sich zu zieren, um nicht mehr zu sein.
Wie sie gebe ich mich glücklich an Dich hin, kleiner Jesus!

Man schreitet ohne Bedauern über die Rosenblätter hin, und diese Trümmer
Sind eine sehr einfache Verzierung, die man ohne Kunst anbringt. Ich habe das begriffen.
Jesus, um deiner Liebe willen habe ich mein Leben verschwendet. Meine Zukunft:
In den Blicken der sterblichen eine für immer verwelkte Rose. Ich muss sterben!" (Gedicht 51,1-2;4).

Andere Übersetzungen: E. Gutting, Die entblätterte Rose, in Therese von Lisieux, zur Aktualität einer Heiligen, Michael Plattig (Hrsg.), Würzburg 1997, 24f; Wolbold, Ich besinge, was ich glauben will. Die Gedichte der heiligen Theresia von Lisieux, Leutesdorf 1995, 50f. Die Adressatin dieses Gedichtes, Sr. Henriette aus Paris, meint, dass dem Gedicht das Ende fehlt, weil am Schluss die Rose entblättert bleibt und nicht in Gott wieder als Rose zu erkennen ist. Therese antwortet: „*Die Gute Mutter soll selbst diesen Vers machen, wie sie ihn versteht; was mich angeht, so bin ich in keiner Weise inspiriert, ihn zu machen. Mein Verlangen ist, für immer entblättert zu sein, um*

     dem lieben Gott Freude zu machen. Punctum! Das ist alles!" (Zitiert nach Gaucher, Chronik 262f).
[207] SS 219.
[208] Ebd. *„In den so fröhlichen Tagen der Osterzeit ließ Jesus mich fühlen, dass es tatsächlich Seelen gibt, die den Glauben nicht haben, die durch den Missbrauch der Gnaden diesen kostbaren Schatz verlieren, Quell der einzig reinen und wahren Freuden. Er ließ zu, dass dichteste Finsternisse in meine Seele eindrangen und der mir so süße Gedanke an den Himmel bloß noch ein Anlass zu Kampf und Qual war... Diese Prüfung sollte nicht nur ein paar Tage, ein paar Wochen dauern, sie sollte erst zu der vom Lieben Gott bestimmten Stunde erlöschen und ... diese Stunde ist noch nicht gekommen ... Gerne wollte ich ausdrücken, was ich fühle, aber ach! es erscheint mir unmöglich. Man muss durch diesen dunkeln Tunnel gewandert sein, um zu wissen, wie finster er ist."* (SS 219).
[209] SS 221.
[210] *„Manchmal freilich erhellt ein ganz kleiner Sonnenstrahl meine Finsternis, dann hört die Prüfung für einen Augenblick auf, aber nachträglich lässt die Erinnerung an diesen Lichtstrahl, statt mir Freude zu bereiten, meine Finsternis nur noch dichter werden."* (SS 223).
[211] Vgl. Wolbold, Therese 304. Die Glaubensnacht (Ostern 1896) began fast zeitgleich mit dem Blutsturz, dem ersten Anzeichen des 'nahen' Todes am Karfreitag 1896. Wolbold vermutet, dass die Glaubensnacht mit der Angst, nach dem Tod nicht in den Himmel zu kommen, begann, und sich dann zu einem grundsätzlichen Zweifel am Jenseits ausweitete. Für Balthasar ist die Prüfung, die Therese durchmacht, nicht die 'Dunkle Nacht' des Johannes vom Kreuz, sondern es ist für ihn eine bis zum Äußersten gehende Trockenheit, eine Halbnacht. Therese ist jede spürbare Hilfe seitens Gottes genommen: *„Er weiß ja, wenn ich auch den Genuss des Glaubens nicht koste, so bemühe ich mich wenigstens, dessen Werke zu tun. Ich glaube, seit einem Jahr habe ich mehr Glaubensakte erweckt als in meinem ganzen Leben."* (SS 222). Für de Meester ist die Glaubensnacht kein Zweifeln am Glauben. Therese spricht von *Gewitter* (B 195), *Dunkelheit, Kampf, Qual, Prüfungen, Tunnel, Nebel* und *Mauer* (SS 219-221), aber niemals von Zweifeln. Wenn sich für ihren Verstand die Fragen aufdrängen, bedeutet dies nicht, dass sie in ihrem innersten Wesen daran zweifelt. Der Beweis dafür ist der innere Frieden, den sie in allen Prüfungen behält, vgl. SS 184, B 87. (Vgl. de Meester, Mit leeren Händen 51f und 99-101). In dieselbe Richtung geht P. Descouvemont, Therese und Lisieux 258ff. Er trennt den Glauben an Gott und den Glauben am Himmel. „Obwohl der Geist von den Einwänden, von den „Zweifeln' befallen ist, zweifelt Theresia nicht." (Ebd. 259). Für E. Ott kann es keine Halbfinsternis geben, entweder ist es finster oder nicht. Die 'Nächte', die die Menschen erleben, sind immer subjektiv. Die Nacht bei Therese ist eine Nacht des 'kleinen Weges', also auch eine 'kleine Nacht'. Es ist das Gefühl des nicht mehr Geliebtseins, das für einen Menschen, der immer eine bevorzugte Liebe empfangen hat, durchaus als Nacht bezeichnet werden kann. Vgl. dazu Ott, Dunkle Nacht

Verweise

170f, 181, 192-196. Für Six hat die spirituelle Nacht eine wichtige Rolle im Leben der hl. Therese. Es gibt keine Unterscheidung zwischen 'Existenz Gottes' und dem 'Jenseits'. „Für Therese sind die '*Gottlosen, die keinen Glauben haben*' genau dieselben, die die '*Existenz des Himmels*' leugnen." (Vgl. SS 219; Six, Licht in der Nacht, 222 Anm. 26. Vgl auch: 226 Anm. 140; 174). Therese wird von einem radikalen Atheismus erfasst. Vgl. Herbstrith, Geschichte eines angefochtenen Lebens 151-167. Auch für Six ist die Nacht keine dunkle Nacht des Johannes vom Kreuz, wie Mutter Agnes de Jesus es gedeutet hat. „Solange die Liebe bleibt, kann man nicht von Nacht sprechen." (Six, Licht in der Nacht 22f). Therese hat in der fühlbaren Glaubenskrise, wo sie keine Sicherheit durch Vernunft oder Gefühl hatte, in der tödlichen Anfechtung des Unglaubens dennoch glauben gewollt. (Vgl. Rahner, Tod als Aufgang des Lichts, in: Christliche Innerlichkeit 8 (1972) 34-36, 34). Ihr blieb nur noch die Hoffnung, sonst nichts.

[212] „*Vielgeliebte Mutter, das Bild, das ich Ihnen entwerfen wollte von den Finsternissen, die meine Seele verdunkeln, ist ebenso unvollkommen wie eine mit dem Modell verglichene Skizze; doch ich will nicht weiter darüber schreiben, ich fürchtete sonst zu lästern... ja, ich habe Angst, schon zuviel gesagt zu haben.*" (SS 221f).

[213] '*Eine Mauer bis zum Himmel*' (SS 223), '*Tunnel*' (SS 219), '*Nebel*' (SS 221), '*Nacht*' (SS 221), '*Finsternis*' (SS 221).

[214] Vgl. Guy Gaucher, „Muss ich auch wandern im finsteren Tal und im Schatten des Todes..." Wie Therese von Lisieux um die Hoffnung rang, in: Christliche Innerlichkeit 28 (1993) 115.

[215] Vgl. LG 24.09.10; SS 217; auch II. Teil A.3 Bestätigung durch den inneren Frieden. „*Obwohl mich diese Prüfung jeden fühlbaren Genusses beraubt, vermag ich doch auszurufen: 'Herr, du überschüttest mich mit FREUDE durch ALLES, was du tust.' (Ps 92,5). Denn gibt es eine größere Freude, als um deiner Liebe willen zu leiden?*" (SS 222).

[216] Mutter Marie de Gonzague (1834–1904), war 27 Jahre Priorin des Karmels von Lisieux.

[217] SS 222.

[218] SS 200.

[219] LG 22.09.6, 22.08.4.

[220] SS 223.

[221] Vgl. BP 276, AP 151 Eine Abbildung dieses Credos ist in N. Loose, Therese und Lisieux 259 zu sehen.

[222] „*O meine Mutter, niemals habe ich so tief empfunden, wie milde und barmherzig der Herr ist; er hat mir diese Prüfung erst geschickt, als ich die Kraft besaß, sie auszuhalten; früher, glaube ich, hätte sie mich wohl zutiefst entmutigt.*" (SS 223).

[223] Wolbold, Therese 306.

[224] B 262.

[225] „*Wie glücklich bin ich zu sterben! Ja, ich bin glücklich, nicht, weil ich von den irdischen Leiden befreit werde (Leiden, in Verbindung mit Liebe erscheint mir*

im Gegenteil das einzig Wünschenswerte in diesem Tal der Tränen). Ich bin glücklich zu sterben, weil ich fühle, dass es so Gottes Wille ist." (B 253).

[226] Vgl. Wolbold, Therese 302.

[227] Vgl. Wolbold, Therese 165. Die Erfahrung der Dunklen Nacht bedeutet nach E. Ott ein Wandel in der Liebe. Für Therese ist Liebe gleichbedeutend mit Zärtlichkeit. (Vgl. SS 9, 16, 29, 32, 36, 37, 40, 50, 52, 53, 58, 59, 62, 72, 88, 89, 92, 107, 109, 111, 112, 119, 124, 134, 135, 148, 151, 161, 178, 182, 186, 193, 195, 196, 197, 212, 225, 237, 149, 256). Aber Therese erfährt nun, dass die Liebe des Vaters seinen Sohn ans Kreuz nageln lässt. (Vgl. Ott, Dunkle Nacht 183f).

[228] Vgl. Wolbold, Therese lesen 64. Therese gehört nicht mehr zur Spätromantik, sondern zu denen, die sie brechen. Die Glaubensnacht nimmt dabei eine Schlüsselstellung ein, da sie die Gefühlsregion endgültig scheitern lässt. Die Glaubensnacht führt Therese zum Realismus, zum „*Jetzt*" der Liebe. (Vgl. Six, Licht in der Nacht 196). Therese gebraucht 28 Mal 'jetzt' im Manuskript C. Wegen dem Mangel an Phänomenen im geistlichen Leben der hl. Therese wollte man ihr die mystische Erfahrung absprechen, doch ist ihre „kaum sichtbare und gerade dadurch um so tiefer vollzogene Gottvermählung wesentlich reine Mystik". (Oda Schneider, Die mystische Erfahrung, Aschaffenburg 1965, 72).

[229] „*Jetzt verstehe ich das Geheimnis*
Des Ereignisses im Tempel,
Den Tonfall in der Antwort
Meines liebenswürdigen Königs.
Mutter, dieses Kind voll Güte möchte,
Dass du für die Seele,
Die ihn in der Nacht des Glaubens sucht,
Vorbild seist.

Da der König des Himmels gewollt hat,
Dass seine Mutter
Der Nacht unterworfen war
Und der Angst des Herzens
Ist es dann nicht ein hohes Gut,
Auf Erden zu leiden?
O ja! In Liebe leiden, das ist das lauterste Glück!
Alles, was er mir gab,
Kann Jesus auch wieder nehmen.
Sag ihm, er möge niemals
Auf mich Rücksicht nehmen!
Gerne kann er sich verbergen,
Und ich bin einverstanden, auf ihn zu warten
Bis zum Tag ohne Untergang,
Wo mein Glaube verlöschen darf." (Gedicht 54,15f).

[230] Gedicht 45,3.

[231] LG 15.05.7.
[232] Vgl. de Meester, Mit leeren Händen 118.
[233] „Nachdem ich bis Mitternacht am Grabe geweilt hatte, kehrte ich in unsere Zelle zurück, doch kaum hatte ich meinen Kopf aufs Kissen gelegt, als ich fühlte, wie etwas einer Flut gleich aufstieg, kochend, bis zu meinen Lippen. Ich wusste nicht, was es war, aber ich dachte, ich würde vielleicht sterben, und meine Seele war von Freude überströmt ... Da jedoch unsere Lampe ausgeblasen war, sagte ich mir, ich müsste den Morgen abwarten, um mich meines Glücks zu vergewissern, denn mir schien, ich hätte Blut gespien. Der Morgen ließ nicht lange auf sich warten; beim Erwachen dachte ich sofort, dass ich etwas Fröhliches zu erfahren hätte, und als ich ans Fenster trat, konnte ich feststellen, dass ich mich nicht getäuscht hatte... Ach! meine Seele wurde von großem Trost erfüllt. Ich war im Innersten überzeugt, dass Jesus mich am Gedächtnistage seines Todes seinen ersten Ruf vernehmen lassen wollte. Es war wie ein süßes und fernes Flüstern, das mir das Nahen des Bräutigams kündete." (SS 218).
[234] Vgl. LG 04.07.2; 15.08.1.
[235] LG 30.09.17.
[236] Therese eifert dem Vorbild des Johannes vom Kreuz nach, dass er in seiner 'Lebendigen Liebesflamme' gibt:
„O Liebesflamme, die nur Leben spendet
Und die so zart mir schlägt manch` tiefe Wunde
In meiner Seele allertiefstem Grunde!
Schon ist das Schreckliche in Lust gewendet.
Mach Schluss, falls mir dein Wille diesen gebe,
Zerreiß`der süßen Einigung Gewebe." (Lebendige Liebesflamme 5, Gesang der Seele 1. Strophe). Für Johannes ist der Liebestod voller Triumph, bei Therese geschieht er in Trockenheit.
[237] Schneider, Krisis 248.
[238] „Ich bat um die Gnade, auch eine Märtyrerin für Jesus zu werden, und ich fühlte im Innern meines Herzens, dass mein Gebet erhört war!" (SS 133).
[239] „Unser Herr ist in Todesängsten am Kreuz gestorben, und doch war es der schönste Liebestod, der einzige, den man gesehen hat. Den Tod der Heiligen Jungfrau hat niemand gesehen. Aus Liebe sterben heißt nicht, in Verzückung sterben. Offen gestanden glaube ich, das ist es, was ich erfahre." (LG 4.07.2). Vgl. 27.07.5; 04.06.1, 17.07.5.
[240] LG 04.06.1.
[241] „Die Stimme der Sünder annehmend, scheint die Finsternis mich zu verhöhnen und mir zuzurufen: 'Du träumst von Licht, von einer mit lieblichsten Wohlgerüchen durchströmten Heimat, du träumst von dem ewigen Besitz des Schöpfers all dieser Wunderwerke, du wähnst eines Tages den Nebeln, die dich umfangen, zu entrinnen! Nur zu, nur zu, freue dich über den Tod, der dir geben wird nicht, was du erhoffst, sondern eine noch tiefere Nacht, die Nacht des Nichts.'" (SS 221).
[242] B 89.

243 Das Kreuz ist die Form der Liebe. Vgl. Josef Ratzinger, Der Gott Jesu Christi, Betrachtungen über den Dreieinigen Gott, München 1976, 45.
244 „Ein Geschenk, ein Ring, eine Einladung zum Essen können Symbole der Zuwendung sein. In solchen Symbolen werden Zuwendungen und Abwendungen nicht nur signalisiert, sondern auch realisiert, nicht nur erkannt, sondern auch erfahren." (Nocke, Allgemeine Sakramentenlehre, in: Handbuch der Dogmatik Bd. 2, 211). Man unterscheidet zwischen Realsymbol und Vertretungssymbol. Ein Vertretungssymbol ist z. B. ein Verkehrszeichen. Es verweist auf eine Wirklichkeit, es ist die Wirklichkeit nicht selber, sondern 'vertritt' sie. Ein Realsymbol ist ein realisierendes Zeichen. Die Sache wird nicht vertreten, sondern im Vollzug des Zeichens realisiert. Durch das Annehmen von Leiden realisiert sich Liebe.
245 Vgl. I. Teil 3. „Nachfolge Christi".
246 „Therese denkt [...] von der unangefochtenen Voraussetzung aus, dass die Glaubensartikel, in der Bibel begründet, von der Kirche vorgestellt, die Auswortung der uns geschenkten göttlichen Wahrheit sind. Sie folgt damit einfach dem Grundsatz Thomas von Aquins: 'Wie die übrigen Wissenschaften nicht ihre eigenen Grundlagen zu beweisen unternehmen, sondern von ihnen ausgehen, um daraus anderes innerhalb dieser Wissenschaften zu beweisen, so ist es auch nicht Sache der Theologie, ihre eigenen Grundlagen, nämlich die Glaubensartikel, zu beweisen, sondern sie geht davon aus, um etwas weiteres darzulegen' (S.Th. I q1 8)." (Balthasar, Aktualität von Lisieux, in: Geist und Leben 46 (1973) 126-142, 130).
247 Combes, Einführung 141. *„Es gibt nur ein Wesen, das die Tiefe dieses Wortes verstehen kann: Lieben!"* (B 109).
248 „Weil Gott niemals Wünsche gibt, die er nicht verwirklichen kann." (B 197). Der Wunsch wird zum Zeichen des Realisierbaren und ist der Beginn der Erhörung. Vgl. auch B 201, 253, SS 214, 265, 280f, LG 13.07.15; 16.07.2; 18.07.1. Den Grundsatz hat Therese vom hl. Johannes vom Kreuz übernommen.
249 Gedicht 23 „An das heiligste Herz Jesu."
250 *„Oh! Wie schön ist unsere Religion. Anstatt die Herzen zu verengen (wie die Welt meint), erhebt sie diese und macht sie fähig zu lieben, zu lieben mit einer fast unendlichen Liebe..."* (B 166).
251 *„Was mich zur himmlischen Heimat zieht, ist der Ruf des Herrn, ist die Hoffnung, ihn endlich zu lieben, wie ich es so sehr gewünscht hatte..."* (B 254).
252 *„Da ich kein einziges Geschöpf zu finden vermag, das mich zufriedenstellt, will ich alles Jesus geben."* (B 76).
253 *„Ich versuchte, mich Mädchen meines Alters anzuschließen, darunter besonders zweien, die ich liebte, und die mich ihrerseits liebten, soweit sie dessen fähig waren. Doch ach! wie eng und unbeständig ist doch das Herz der Geschöpfe!!! Bald sah ich, dass meine Liebe unverstanden blieb. Eine meiner Freundinnen musste in ihre Familie heimkehren und kam einige Monate später zurück; während ihrer Abwesenheit hatte ich an sie gedacht und sorgfältig einen kleinen Ring aufbewahrt, den sie mir geschenkt hatte. Meine Freude war*

groß, als ich meine Gefährtin wiedersah, aber ach! ich erhielt nur einen gleichgültigen Blick ... Meine Liebe wurde nicht verstanden, das fühlte ich, und ich bettelte nicht um eine Zuneigung, die man mir verweigerte; indessen hat mir der liebe Gott ein so treues Herz gegeben, dass es immer liebt, wenn es einmal wahrhaft geliebt hat; so fuhr ich fort für meine Gefährtin zu beten und liebe sie noch immer... Als ich bemerkte, dass Céline eine unserer Lehrerinnen liebte, wollte ich es ihr nachmachen; da ich es jedoch nicht verstand, die Gunst der Menschen zu gewinnen, hatte ich damit keinen Erfolg. O glückliches Unvermögen, wie viel Nöte hat es mir erspart! ... Wie danke ich Jesus, dass er mich 'in den Freundschaften dieser Welt nur Bitterkeit' finden ließ!" (SS 79f).

[254] *„Sie wundern sich, dass wir den Beginn des Lebens Tod nennen."* (B 60).
„Warum das Glück auf der Erde suchen? Ich gestehe, mein Herz hat einen brennenden Durst danach. Aber es sieht genau, dieses arme Herz, dass kein Geschöpf imstande ist, seinen Durst zu stillen. Im Gegenteil: Je mehr es aus dieser verzauberten Quelle trinkt, desto brennender wird sein Durst. Ich kenne eine andere Quelle, jene, bei der es einen, wenn man aus ihr getrunken hat, immer noch dürstet, aber es ist kein gieriger Durst; er ist vielmehr sehr wohltuend, denn er hat etwas, das zufriedenstellt. Diese Quelle ist das Leiden, das Jesus allein bekannt ist!" (B 75).

[255] *„Aber ich fühle noch andere Berufungen in mir, ich fühle die Berufung zum KRIEGER, zum PRIESTER, zum APOSTEL, zum KIRCHENLEHRER, zum MÄRTYRER; kurz, ich spüre das Bedürfnis, den Wunsch, für dich, Jesus die heroischsten Werke allesamt zu vollbringen... Ich spüre in meiner Seele den Mut eines Kreuzfahrers, eines päpstlichen Soldaten; zur Verteidigung der Kirche möchte ich auf dem Schlachtfeld sterben... Ich fühle in mir die Berufung zum PRIESTER; mit welcher Liebe trüge ich dich, o Jesus, in meinen Händen, wenn auf mein Wort hin du vom Himmel herabstiegest... Mit welcher Liebe reichte ich dich den Seelen! ... Jedoch, so sehr ich wünschte, Priester zu sein, so bewundere und beneide ich dennoch die Demut des Hl. Franz von Assisi und spüre in mir die Berufung, ihn nachzuahmen, indem ich die erhabene Würde des Priestertums ausschlage. O Jesus! meine Liebe, mein Leben... wie sind diese Gegensätze vereinbar? Wie können die Begierden meiner armen kleinen Seele Verwirklichung finden?... Oh! trotz meiner Kleinheit möchte ich die Seelen erleuchten wie die Propheten, die Kirchenlehrer, ich habe die Berufung, Apostel zu sein... Ich möchte die Welt durcheilen, deinen Namen verkünden und dein glorreiches Kreuz in den Heidenländern aufpflanzen, aber, o mein Viel-Geliebter, eine einzige Mission genügte mir nicht; ich möchte das Evangelium in allen fünf Weltteilen gleichzeitig verkünden, bis zu den fernsten Inseln... Ich möchte Missionar sein nicht nur für einige Jahre, sondern möchte es gewesen sein vom Anbeginn der Welt und es bleiben bis ans Ende der Zeiten. Vor allem aber möchte ich, mein Viel-Geliebter Erlöser, möchte ich mein Blut für dich vergießen bis zum letzten Tropfen... Das Martyrium, ja das war schon der Traum meiner Jugend, und dieser Traum ist in der Zelle des Karmels mit mir gewachsen... Aber auch da fühle ich wieder, dass mein Traum zur Torheit wird, denn ich könnte mich nicht darauf beschränken, nur eine Art*

von Marter zu ersehnen... Um mir genug zu tun, bedürfte ich ihrer aller... wie Du, mein angebeteter Bräutigam, möchte ich gegeißelt und gekreuzigt werden... Gleich dem Hl. Bartholomäus möchte ich geschunden sterben... Gleich dem Hl. Johannes möchte ich in siedendes Öl geworfen werden; ich möchte alle Martern erdulden, die je den Blutzeugen zugefügt wurden ... Wie die Hl. Agnes und die Hl. Cäcilia möchte ich meinen Nacken dem Schwert des Henkers darbieten, und wie Jeanne d'Arc, meine geliebte Schwester, möchte ich auf dem Scheiterhaufen deinen Namen flüstern, O JESUS... Gedenke ich der Qualen, die die Christen zur Zeit des Antichrists erdulden werden, so fühle ich mein Herz erbeben und wollte, diese Qualen wären mir vorbehalten... Jesus, Jesus, wollte ich alle meine Wünsche niederschreiben, ich müsste mir dein Buch des Lebens ausleihen, da sind die Taten aller Heiligen aufgezeichnet, und diese Taten möchte ich für dich vollbracht haben..." (SS 198f).

[256] 1Kor 12,1 - 13,13.

[257] *„Gott gibt keine unerfüllbaren Wünsche ein."* (SS 214).

[258] „*Ohne mich entmutigen zu lassen, setzte ich meine Lesung fort und fand Trost in folgendem Satz - 'Strebet eifrig nach den VOLLKOMMENSTEN GABEN, aber ich will euch einen noch vorzüglicheren Weg zeigen.' Und der Apostel erklärt, wie die VOLLKOMMENSTEN Gaben nichts sind ohne die LIEBE... Dass die Liebe der VORTREFFLICHE WEG ist, der mit Sicherheit zu Gott führt. Endlich hatte ich Ruhe gefunden... Den mystischen Leib der Kirche betrachtend, hatte ich mich in keinem der vom hl. Paulus geschilderten Glieder wiedererkannt, oder vielmehr, ich wollte mich in allen wiedererkennen... Die Liebe gab mir den Schlüssel meiner Berufung. Ich begriff, dass wenn die Kirche einen aus verschiedenen Gliedern bestehenden Leib hat, ihr auch das notwendigste, das edelste von allen nicht fehlt; ich begriff, dass die Kirche ein Herz hat, und dass dieses Herz von LIEBE BRENNT. Ich erkannte, dass die Liebe allein die Glieder der Kirche in Tätigkeit setzt, und würde die Liebe erlöschen, so würden die Apostel das Evangelium nicht mehr verkünden, die Märtyrer sich weigern, ihr Blut zu vergießen... Ich begriff, dass die LIEBE ALLE BERUFUNGEN IN SICH SCHLIESST, DASS DIE LIEBE ALLES IST. DASS SIE ALLE ZEITEN UND ORTE UMSPANNT... MIT EINEM WORT, DASS SIE EWIG IST!... Da rief ich im Übermaß meiner überschäumenden Freude: 0 Jesus, meine Liebe... endlich habe ich meine Berufung gefunden, MEINE BERUFUNG IST DIE LIEBE!... ja, ich habe meinen Platz in der Kirche gefunden, und diesen Platz, mein Gott, den hast du mir geschenkt... im Herzen der Kirche, meiner Mutter, werde ich die Liebe sein... so werde ich alles sein ... so wird mein Traum Wirklichkeit werden!!!..."* Aber Therese verbessert sich sofort, was sie übertrieben haben könnte: „*Warum von überschäumender Freude sprechen? Nein, dieser Ausdruck ist nicht richtig; es ist vielmehr der ruhige und heitere Friede des Schiffers beim Anblick des Leuchtturms, der ihn zum Hafen führen soll... 0 strahlender Leuchtturm der Liebe, ich weiß, wie man zu dir gelangt, ich habe das Geheimnis gefunden, mir deine Flamme selbst anzueignen.*" (SS 200f).

Verweise

²⁵⁹ Vgl. Balthasar, Schwestern, 278.
²⁶⁰ Vgl. Ps 73.
²⁶¹ Vgl. Gedicht 23,4; Breig übersetzt: „ *Ich brauche ein Herz, das von Zärtlichkeit brennt, das meine Stütze bleibt ohne jedes Zurück ... Ich brauche einen Gott, der meine Natur annimmt, der mein Bruder wird und leiden kann.*" Wolbold übersetzt: „*Ich brauche Ihn so, sein Herz kann so zart sein. Denn Er gibt mir Halt und zieht nicht zurück ... Es muß mir ein Gott sein. Nimmst meine Natur Du, wirst Du mir zum Bruder und lernst noch den Schmerz?*" (A. Wolbold, Ich besinge, was ich glauben will 54).
²⁶² „*Liebe wird nur durch Liebe bezahlt.*" (SS 201).
²⁶³ „*Lieben heißt ja, alles hergeben und dazu noch sich selbst schenken.*" (Gedicht 54,22).
²⁶⁴ „*Wir sind so gering... Und dennoch will Jesus, dass das Heil von Seelen von unseren Opfern und unserer Liebe abhängt.*" (B 96).
²⁶⁵ „*Er füllt den Kelch bis zum Rand, denn er denkt, je mehr seine Lilie in der Liebe wächst, desto mehr muß sie auch im Leid wachsen!*" (B 83). „*Er hält Dich für würdig, seiner Liebe wegen zu leiden, und das ist der größte Beweis zarter Liebe, den er Dir geben kann, denn das Leiden macht uns ihm ähnlich.*" (B 173). „*Seit langem gehöre ich mir nicht mehr, ich bin Jesus völlig ausgeliefert, es steht Ihm also frei, mit mir nach seinem Belieben zu tun. Er gab mir das Verlangen nach vollständiger Verbannung, Er ließ mich alle Leiden begreifen, denen ich dort begegnen würde, und fragte mich, ob ich diesen Kelch bis zur Neige trinken wolle; sogleich wollte ich nach diesem Becher greifen, den Jesus mir reichte, Er aber zog seine Hand zurück und bedeutete mir, Ihm genüge die Bereitschaft.*" (SS 228).
²⁶⁶ „*Ich würde mir tausend Opfer ausdenken und mir bei jeder Gelegenheit etwas versagen, um Ihnen Gnaden zu erlangen. Niemals darf man sich selber suchen, in gar keinem Fall, 'denn wo jemand sich selbst sucht, da hat die Liebe ein Ende'* (NC 3,5).*"* (MST 120).
²⁶⁷ „*In unseren Prüfungen reinigt der liebe Gott, was in unserer Zuneigung zu irdisch sein könnte.*" (B 167).
²⁶⁸ „*Was soll aus ihm* (dem kleinen Vogel) *werden!* (Mit dem kleinen Vogel ist Therese selber gemeint) *Muß er vor Gram sterben, weil er so machtlos ist? ... O nein! Der kleine Vogel betrübt sich nicht einmal. In einem verwegenen Sichüberlassen will er im Anblick seiner göttlichen Sonne verharren; nichts kann ihn erschrecken, weder Wind noch Regen, und wenn düstere Wolken ihm das Liebesgestirn verbergen, so rührt sich der kleine Vogel nicht von der Stelle. Er weiß ja, dass über den Wolken seine Sonne stets leuchtet, dass ihr Glanz sich keinen Augenblick entziehen wird. Freilich, mitunter wird das Herz des kleinen Vogels vom Sturm bedrängt; dann scheint ihm, er könne nicht glauben, dass es irgend etwas anderes gibt als die Wolken, die ihn einhüllen; das ist dann der Augenblick der vollkommenen Freude für das arme, kleine, schwache Wesen. Welches Glück für ihn, trotz allem zu bleiben, das Auge unverwandt auf das unsichtbare Licht gerichtet, das sich seinem Glauben entzieht!*" (SS 205).

[269] *„Gott ist bewunderungswürdig, vor allem aber ist er liebenswert, lieben wir ihn also . . . Lieben wir ihn so, dass wir alles für ihn erleiden, was er will, auch die Schmerzen der Seele, die Trockenheit, die Ängste, die scheinbare Herzenskälte . . . Ach, es ist eine große Liebe, Jesus zu lieben, ohne die Süßigkeit dieser Liebe zu fühlen . . . Das ist ein Martyrium . . . Nun sterben wir als Märtyrer. Oh, meine Celine . . . süßer Widerhall meiner Seele, verstehst Du? . . . Das unbekannte Martyrium ohne Ehre, ohne Triumph . . . Das ist die Liebe bis zum Heroismus . . . Aber eines Tages wird Gott dankbar ausrufen: 'Nun ist es an Mir!'"* (B 94).

[270] Diesen Satz hat Therese oft gebraucht (B 57, 94, 107, 157, 169). Er deutet die Erwartung der himmlischen Belohnung an. Der Ausdruck stammt von Abbe Arminjon. (Vgl. I. Teil 3. „Nachfolge Christi").

[271] Vgl. Balthasar, Schwestern 274.

[272] Vgl. ebd.

[273] Vgl. Balthasar, Schwestern 67.

[274] *„'Aus Liebe leben, welch merkwürdige Torheit!' sagt mir die Welt. 'Ach, hört auf zu singen, vergeudet nicht eure Wohlgerüche, euer Leben, versteht, sie nutzbringend zu verwenden! ... Dich lieben, Jesus, welch fruchtbarer Verlust!"* (Gedicht 17,13). Andere Übersetzungen: Wolbod, Ich besinge 32-37, und Xaver Janssen, in Therese von Lisieux, Lieder der Liebe, Gedichte und Gedanken, Münsterschwarz 1996,79-83.

[275] Augustinus, zitiert nach Pieper, Über die Liebe, München 1972, 132.

[276] *„Er reicht uns einen bitteren Kelch, wie ihn unsere schwache Natur gerade noch zu ertragen vermag!... Ziehen wir unsere Lippen von diesem Kelch nicht zurück, den die Hand Jesu bereitet hat ... Sehen wir das Leben in seinem wahren Licht ... Es ist ein Augenblick zwischen zwei Ewigkeiten ... Leiden wir in Frieden ... Ich gebe zu, dass mir das Wort Frieden etwas stark erscheint, aber als ich kürzlich darüber nachdachte, fand ich das Geheimnis des Im-Frieden-Leidens ... Wer Frieden (paix) sagt, sagt nicht Freude (joie), zumindest nicht fühlbare Freude ... Um im Frieden zu leiden, genügt es, gern das zu wollen, was Jesus will ... Um die Braut Jesu zu sein, muß man Jesus ähnlich sein, Jesus ist blutüberströmt, er ist mit Dornen gekrönt!"* (B 87). Weil Jesus selber den Kelch des Leidens den Menschen reicht, leidet Therese im Frieden. *„Um in Frieden zu leiden, genügt es, gern das zu wollen, was Jesus will."* (Ebd.). Ist es möglich, dass der gute Gott solche Leiden zulässt, gerade bei einem Menschen, der sich Gott ganz hingibt? Therese hat schon erkannt, dass die, die Gott in besonderer Weise nachfolgen, oft besonders zu leiden haben. Sie hat gerne den Satz zitiert: *„Ah! Es wundert mich nicht, dass du so wenig Freunde hast, du behandelst sie so schlecht."* (Vgl. B 155 und 178). Dieser Satz wurde der hl. Teresa von Avila zugesprochen; er ist aber legendär, doch ganz nach der Art der Heiligen. (Vgl. Anmerkung 1 zu B 155). Zum Thema Therese von Lisieux und Teresa von Avila: Tomás Alvarez, Die beiden hl. Teresas, Mutter und Tochter, in: Christliche Innerlichkeit 32 (1997), 84-88, bes. 86f. Wenn die Liebe die Erfüllung des Lebens ist, sollte da keine Freude aufkommen, wenn diese Liebe getan und erfahren wird. Der Lohn der Liebe ist

der Geliebte selbst. Das ist die größte Freude. Darum kann Therese sagen: *„Denn gibt es eine größere Freude, als um deiner Liebe willen zu leiden? ... Je innerlicher das Leiden ist, je weniger es vor den Augen der Geschöpfe in Erscheinung tritt, umso mehr freut es dich, o mein Gott!"* (SS 222). Sie freut sich nicht am Leiden, sondern im Leiden, weil es den Geliebten erfreut, zu sehen, wie viel „wert" der Liebende dem Geliebten ist. *„Wir werden unsere Mutter sehen. Sie wird sich über die Prüfungen freuen, die in der Verbannung des Lebens unser Anteil waren."* (SS 222). *„Die kleinen Kreuze sind im Gegenteil unsere ganze Freude. Sie sind alltäglicher als die schweren Kreuze und bereiten unser Herz, diese dann anzunehmen, wann unser guter Meister es will."* (B 148).

„Herr, das Leiden wird zur Freude,
Wenn die Seele sich aufschwingt
Zu Dir ohne zurück." (Gedicht 28,5).

„Wenn mitunter das bittere Leiden käme,
Um Ihr Herz heimzusuchen –
Machen Sie daraus Ihre Freude:
Leiden für Gott ... welche Wonne! ...
Die göttlichen Zärtlichkeiten werden Sie dann
Rasch vergehen lassen,
Dass Sie über Dornen schreiten.
Und Sie werden vielmehr glauben zu fliegen ..." (Gedicht 10,9).

Madeleine Delbrêl sagt 1943 in einem Vortrag zur Einweihung des Priesterseminars der „Mission de France" in Lisieux: „In der Liebe gibt es eine ganze Stärkeskala, und diese Stärke bemisst sich an unserer Freude. Aber die Liebe gehört nur den freien Wesen, Wesen, die von sich selbst frei geworden sind, die ein für allemal von sich selber losgekommen sind. [...] Ohne das Kreuz ist keine Liebe möglich, und weil Gott will, dass wir ihn lieben, gibt er uns das Recht zu leiden." (Madeleine Delbrêl, Liebende Menschen, in: Internationale Katholische Zeitschrift „Communio" 26 (1997) 325-329, 328f).

[277] *„Aber selbst wenn du, was ja unmöglich ist, von meinem Leiden nichts wüsstest, so wäre ich auch dann noch glücklich zu leiden, wenn ich dadurch ein einziges Vergehen gegen den Glauben verhindern oder wiedergutmachen könnte..."* (SS 222).

[278] *„Wenn Sie wüssten, wie groß meine Freude darüber ist, keine Freude zu haben, um Jesus Freude zu machen!... Es ist eine geläuterte Freude (aber keineswegs fühlbar).* (B 78).

[279] *„Wenn ich den Kampfplatz verlasse, dann nicht mit egoistischem Wunsch, auszuziehen. Der Gedanke an die Ewigkeit lässt mein Herz kaum höher schlagen. Schon lange ist das Leiden hienieden zu meinem Himmel geworden ...."* (B 254).

[280] *„Ich frage mich, wie es mir möglich ist, glücklich zu sein, ohne zu leiden. Der Herr wird mein Herz verwandeln, sonst würde ich noch dem Schmerz und dem Tränental nachtrauern."* (B 258).
[281] Vgl. Gedicht 51 „ Eine entblätterte Rose". Siehe Anm. 206.
[282] Vgl. Mt 22,39.
[283] Vgl. B 74.
[284] Vgl. Joh 13,34.
[285] Joh 15,13. *„Dieses Jahr, geliebte Mutter, hat der liebe Gott mir die Gnade geschenkt zu verstehen, was die christliche Liebe ist; ich verstand es zuvor, es ist wahr, doch auf unvollkommene Weise; ich hatte das Wort Jesu nicht in der Tiefe zu erfassen versucht: 'Das andere Gebot aber ist diesem GLEICH: Du sollst deinen Nächsten lieben wie dich selbst.' Ich habe mich vor allem bemüht, Gott zu lieben, und indem ich ihn liebte, erkannte ich, dass sich meine Liebe nicht nur in Worten äußern durfte, denn: 'Nicht jene, die zu mir sagen: Herr, Herr, werden ins Himmelreich eingehen, sondern die den Willen meines Vaters tun.' Diesen Willen hat Jesus mehrfach verkündet, ich müßte sagen, fast auf jeder Seite seines Evangeliums; doch beim letzten Abendmahl, im Bewußtsein, dass das Herz seiner Jünger noch glühender brennt in Liebe zu ihm, der sich ihnen soeben im unaussprechlichen Mysterium seiner Eucharistie selbst verschenkt hat, will ihnen dieser süße Erlöser ein neues Gebot geben. Er spricht zu ihnen mit unsagbarer Zärtlichkeit: Ein neues Gebot gebe ich euch, liebet einander; und WIE ICH EUCH GELIEBT HABE, SO SOLLT AUCH IHR EINANDER LIEBEN. Das Zeichen, an dem alle erkennen sollen, dass ihr meine Jünger seid, ist, dass ihr euch gegenseitig liebt. Wie hat Jesus seine Jünger geliebt, und warum hat Er sie geliebt? Oh! es waren nicht ihre natürlichen Eigenschaften, die ihn anziehen konnten, zwischen ihnen und Ihm lag ein unendlicher Abstand. Er war das Wissen, die ewige Weisheit, sie waren arme Fischer, unwissend und voll irdischer Gedanken. Und dennoch nennt sie Jesus seine Freunde, seine Brüder. Er will sie herrschen sehen mit Ihm im Reiche seines Vaters, und um ihnen dieses Reich zu erschließen, will Er an einem Kreuz sterben, denn Er hat gesagt: Es gibt keine größere Liebe, als sein Leben hinzugeben für jene, die man liebt."* (SS 231f).
[286] AP 170.
[287] *„Es ist weniger bitter, von einem Sünder gebrochen zu werden als von einem Gerechten, aber aus Mit-leiden mit den Sündern, um ihre Bekehrung zu erlangen, bitte ich Dich, o Gott! für sie gebrochen zu werden durch die gerechten Seelen, die mich umgeben."* (B 259).
[288] *„Es gibt in der Kommunität eine Schwester, die das Talent hat, mir in jeder Hinsicht zu missfallen, ihre Manieren, ihre Worte, ihr Charakter schienen mir sehr unangenehm. Sie ist jedoch eine heilige Klosterfrau, die dem lieben Gott sicher sehr angenehm ist; so wollte ich der natürlichen Antipathie, die ich empfand, nicht nachgeben. Ich sagte mir, die Liebe dürfe nicht in Gefühlen bestehen, sondern müsse sich in Werken äußern; nun bemühte ich mich, für diese Schwester zu tun, was ich für den mir liebsten Menschen getan hätte. Jedes Mal, wenn ich ihr begegnete, betete ich für sie zum Lieben Gott und bot*

ihm alle ihre Tugenden und Verdienste an. Ich fühlte, dies machte Jesus Freude, denn es gibt keinen Künstler, der nicht gern Lob für seine Werke empfängt, und Jesus, der Künstler der Seelen, ist glücklich, wenn man sich nicht beim Äußeren aufhält, sondern bis zum inneren Heiligtum vordringt, das er sich zum Wohnsitz erkoren hat, und dessen Schönheit bewundert. Ich gab mich nicht damit zufrieden, viel für die Schwester zu beten, die mir so viele Kämpfe verursachte, ich suchte ihr alle möglichen Dienste zu leisten, und wenn ich in Versuchung kam, ihr auf unangenehme Art zu antworten, begnügte ich mich damit, ihr mein liebenswürdigstes Lächeln zu zeigen, und versuchte, das Gespräch auf etwas anderes zu lenken." (SS 234f). *„Oft auch, wenn ich außerhalb der Rekreation (ich meine während der Arbeitsstunden) mit dieser Schwester eine gemeinsame Arbeit zu verrichten hatte, und meine inneren Kämpfe zu heftig wurden, rannte ich wie ein Fahnenflüchtiger davon. Da sie völlig ahnungslos war in Bezug auf das, was ich für sie empfand, hat sie nie Verdacht geschöpft über die Beweggründe meines Verhaltens und bleibt überzeugt, ihr Charakter sei mir angenehm. Eines Tages in der Rekreation sagte sie mit sehr zufriedener Miene ungefähr folgende Worte zu mir: „Schw. Th. vom Kinde Jesus, würden Sie mir sagen, was Sie so sehr zu mir hinzieht, jedes Mal, wenn Sie mich anblicken, sehe ich Sie lächeln?" Ach! was mich anzog, war Jesus, verborgen auf dem Grund ihrer Seele... Jesus, der das Bitterste süß macht... Ich entgegnete ihr, dass ich lächle, weil ich froh sei, sie zu sehen (selbstverständlich fügte ich nicht hinzu, dies gelte vom geistlichen Gesichtspunkt aus)."* (SS 235f).

[289] *„Aber wie ich Ihnen eben sagte, meine geliebte Mutter, die Übung der Liebe war mir nicht immer so angenehm; zum Beweis will ich Ihnen ein paar meiner kleinen Kämpfe erzählen, über die Sie sicher lächeln werden. Lange Zeit hatte ich bei der Abendbetrachtung meinen Platz vor einer Schwester, die eine seltsame Angewohnheit besaß, und ich denke... viele Erleuchtungen hatte, denn sie bediente sich selten eines Buches. Ich bemerkte es an folgendem: Sobald diese Schwester da war, begann sie, ein seltsames kleines Geräusch zu erzeugen, ungefähr so, als würden zwei Muscheln aneinandergerieben. Ich allein nahm es wahr, denn ich habe ein äußerst feines Gehör (ein wenig zu fein manchmal). Ich kann Ihnen gar nicht sagen, meine Mutter, wie sehr mich dieses kleine Geräusch ermüdete: am liebsten hätte ich mich umgedreht und die Schuldige angeblickt, die sich natürlich ihres Ticks nicht bewusst war; das war das einzige Mittel, sie darauf hinzuweisen; doch im Grunde des Herzens fühlte ich, dass es besser sei, die Sache geduldig zu ertragen aus Liebe zum Lieben Gott und um die Schwester nicht zu kränken. Ich verhielt mich also ruhig, versuchte, mich mit dem Lieben Gott zu vereinen, das kleine Geräusch zu vergessen... alles war vergeblich, ich fühlte mich in Schweiß gebadet und war genötigt, einfach ein Leidensgebet zu machen, aber während ich litt, forschte ich nach einem Mittel, es nicht gereizt zu tun, sondern in Freudigkeit und Frieden, wenigstens im Innersten meiner Seele. So versuchte ich, dieses gar so unangenehme kleine Geräusch zu lieben; statt danach zu trachten, es nicht zu hören (ein Ding der Unmöglichkeit), bemühte ich mich, ihm*

aufmerksam zu lauschen, als wäre es ein entzückendes Konzert, und mein ganzes Gebet (es war nicht jenes der Ruhe) bestand darin, dieses Konzert Jesus darzubringen." (SS 263f) Vgl. auch: „*Ein anderes Mal befand ich mich in der Wäscherei vor einer Schwester, die mir jedes Mal schmutziges Wasser ins Gesicht spritzte, wenn sie die Taschentücher auf ihre Bank hochhob; meine erste Regung war, zurückzuweichen und mir das Gesicht abzuwischen, um der Schwester, die mich bespritzte, zu zeigen, dass sie mir einen Gefallen täte, wenn sie sich ruhig verhielte, aber sofort kam mir in den Sinn, dass ich recht dumm wäre, Schätze zurückzuweisen, die mir so freigebig gespendet wurden, und so hütete ich mich, mir meinen Kampf anmerken zu lassen. Ich gab mir größte Mühe zu wünschen, viel schmutziges Wasser abzubekommen, so dass ich schließlich an dieser neuen Art der Besprengung geradezu Geschmack fand und mir vornahm, ein andermal wiederum diesen bevorzugten Platz einzunehmen, wo man soviel Kostbares empfing."* (SS 264).

290 Balthasar, Schwestern 145; vgl. SS 234f.
291 SS 233.
292 SS 232.
293 Ps 119,100; SS 217.
294 Vgl. Grialu, Berufung, 147: „Wir können nur in dem Maße lieben, wie wir erkennen."
295 Durch die Praxis der Liebe wird Therese herausgeführt, wie sie selber schreibt, aus dem engen Kreis der Selbstbezogenheit, und gewinnt an innerer Weite. „*In kurzer Zeit hatte mich der Liebe Gott hinauszuführen gewusst aus dem engen Kreis, in dem ich mich drehte, ohne zu wissen, wie ihm entkommen. Überblicke ich den Weg, den Er mich hat gehen heißen, ist meine Dankbarkeit groß, doch ich muss zugeben, wenn auch der entscheidende Schritt getan war, es blieben mir noch viele Dinge, die ich aufgeben musste."* (SS 99).
296 B 89.
297 „*Wer nicht gelitten hat, was weiß der schon.*" (B 108).
298 B 57; vgl. auch: „*Die Liebe ließ uns Jenen, den wir suchten, auf Erden finden.*" (SS 103).
299 „*Er (Jesus) wollte ihm seine Schwäche zum Bewusstsein bringen und an sich selber erfahren lassen, was der Mensch ohne die Hilfe Gottes vermag.*" (LG 07.08.4).
300 „*Was mich betrifft, so habe ich nur Erleuchtungen, die mich mein kleines Nichts erkennen lassen. Das nützt mir mehr als Erleuchtungen über den Glauben.*" (LG 13.08.1). Vgl. MST 91.
301 „*Sie (Therese) ist schwach, sogar sehr schwach, das erfährt sie täglich neu; aber Marie, Jesus gefällt es, sie wie dem hl. Paulus die Wissenschaft zu lehren, sich ihrer Schwachheit zu rühmen. Das ist eine große Gnade, und ich bitte Jesus, sie Dich zu lehren, denn nur da sind Frieden und Ruhe des Herzens zu finden. Wenn man sich so elend sieht, will man sich nicht mehr anschauen und blickt nur noch auf den Vielgeliebten!...*" (B 109).
302 „*In seiner Schwachheit liegt sein ganzes Vertrauen.*" (B 55).

[303] *„Ich bin nur ein Kind, ein schwaches, ohnmächtiges, aber gerade meine Ohnmacht verleiht mir die Kühnheit, mich deiner Liebe, o Jesus, als Opfer anzubieten! Einstmals nahm der Starke und Mächtige Gott nur reine, makellose Opfer an. Um der göttlichen Gerechtigkeit genugzutun, bedurfte es vollkommener Opfer; aber dem Gesetz der Furcht folgte das Gesetz der Liebe, und die Liebe hat mich schwaches, unvollkommenes Geschöpf als Brandopfer erwählt."* (SS 201). Vgl. „Denn, wenn ich schwach bin, dann bin ich stark." (2 Kor 12,10)

[304] Vgl. Balthasar, Schwestern 272.

[305] Im Brief 141 kommt der Begriff 'Klein-Sein' zum ersten Mal vor. Vgl. zum Thema: Klein-Sein: B 162, 177, 197, 224, 227, 241. Später verschmelzen die Begriffe von Klein-Sein und Kind-Sein. Vgl. B 173, 188, 191, 194, 196, LG 27.05.5, 04.06.1, 15.06.1, 05.07.1, 10.07.1, 13.07.12, 06.08.8, 10.08.2, 25.09.1, 240, 273. Der Begriff selber hat inhaltlich eine Entwicklung mitgemacht. Klein-Sein ist immer die Voraussetzung für die Liebe, aber zu Beginn ihres Ordenslebens war Klein-Sein gleichbedeutend mit Demut. Demut ist die Voraussetzung der Liebe vom Ich zum Du. Aber am Ende ihres Lebens ist Klein-Sein ein Synonym für vertrauensvolle Hoffnung. Es ist die Haltung des Empfangens, es ist Ausdruck der Liebe vom Du zum Ich. (Vgl. de Meester, Mit leeren Händen 33f, 67f, 111f; ders., Kind sein 187f; ders. Ich gebe mich Deiner Liebe hin, Therese von Lisieux, in: Gegenwart Gottes 3 (1995) Nr. 11, 29, 58). Der Begriff geistige Kindheit stammt nicht aus der Feder der Heiligen, Mutter Agnes de Jesus hat ihn als 'ihre' Zusammenfassung für Thereses Lehre eingeführt. (Vgl. AP 630). Es ist eine Haltung gegenüber dem Geheimnis der Liebe. Für M.-E. Grialou gründet die Lehre der 'geistlichen Kindschaft' auf die Lehre des Johannes vom Kreuz. „Die Größe und Weite ihres (Thereses) Lehrgebäudes lässt sich nur mit Hilfe der johanneischen Lehre von der Hoffnung und geistlichen Armut ausloten." (M.-E. Grialou, Ich will Gott schauen. Weg des Getauften mit den Meistern des Karmel, Freiburg (Schweiz) 1993, 999). Zur Bedeutung von Klein-Sein vgl. auch: Jackel, Therese 144; E. Ott, Dunkle Nacht 186f; Grialu, Meine Berufung 122, Gutting, Theresia von Lisieux – Ein Wort Gottes für die Welt von heute, Leutesdorf ²1995, 9f; ders., Die entblätterte Rose 16; Gaucher, Der Leidensweg 213-218; P. Reisenberger, Therese 38-72; M. Beck, Liebe – die bis ans Ende geht. Christliche Spiritualität im Blick auf Therese von Lisieux, St. Ottilien ²1977, 35f; Balthasar, Aktualität von Lisieux 137; W. Herbstrith, Therese von Lisieux, Theologie der Sehnsucht, 97f; M. Plattig, Therese von Lisieux - Die Geschichte einer Seele als Befreiungsgeschichte 122-126; Wolbold, Geistlich leben mit Therese von Lisieux (2), in: Karmel Impulse 6 (1996) 7; Virginia Azcuy, Therese als „gelebte Theologie" nach Hans Urs von Balthasar, in: Internationale Katholische Zeitschrift „Communio" 26 (1997) 298-310, 305f.

[306] *„Damit die Liebe vollkommen befriedigt werde, muß sie sich erniedrigen, sich bis zum Nichts hinab erniedrigen und dieses Nichts in Feuer umwandeln."* (SS 201). So wird die Schwäche der Komplize der Liebe. (Vgl. de Meester, Mit leeren Händen 32).

[307] SS 185.
[308] Vgl. Combes, Einführung 165.
[309] Vgl. B 258.
[310] Vgl. SS 154, 275.
[311] *„Man könnte glauben, mein so großes Vertrauen in den lieben Gott rührt daher, dass ich nicht gesündigt habe. Machen Sie es klar, Mutter, dass mein Vertrauen genauso groß wäre, wenn ich auch alle nur möglichen Verbrechen begangen hätte. Ich fühle es, diese Masse von Sünden wäre wie ein Wassertropfen, den man auf glühende Kohlen fallen lässt. Dann erzählen Sie die Geschichte von der bekehrten Sünderin, die aus Liebe gestorben ist; die Seelen werden sofort verstehen, es ist ein so überzeugendes Beispiel für das, was ich sagen will. Aber diese Dinge lassen sich nicht ausdrücken."* (LG 11.07.6). Vgl. LG 20.07.3.
[312] Vgl. Balthasar, Schwestern 298.
[313] Balthasar, Schwestern 299.
[314] *„Glauben wir nicht, wir könnten lieben, ohne zu leiden. Unsere arme Natur ist da, aber nicht umsonst. Sie ist unser Schatz, unser Broterwerb"* (B 89).
[315] *„Ich versinke vor Gott, bete an sein Gesicht,*
Mich opfern und leiden für ihn kann ich nicht.
Nicht schenken ihm mein Blut, meine Tränen,
Nicht sterben, um ihm meine Liebe zu nennen;
Reinheit ist der Engel schimmerndes Los,
Ihr ewiger Jubel ist grenzenlos.
Doch über den Seraph erhebt es euch:
Rein sein können und leiden zugleich." (Gedicht 3, 90-95).
[316] Vgl, Balthasar, Schwestern 299.
[317] Das Jesuskind sagt zum Schutzengel:
„O, der du auf Erden mein Leiden
Mein Kreuz, verehrst, schöner Engel,
Vernimm dies Geheimnis: Dir, Schwester,
Ist jede Seele, die leidet.
Im Himmel der Glanz ihrer Schmerzen
Wird strahlen von deiner Stirn,
Während der Strahl deines Wesens
Den Blutenden verklärt." (Recreations 2,7r).
[318] *„Du sollst auf der Erde ein Engel sein. Auf Erden wie im Himmel will der Herr seinen Hofstaat haben; er will Engel, die zugleich Märtyrer sind, Engel, die zugleich Apostel sind."* (B 127).
[319] LG 27.09.1.
[320] Rudolf Stertenbrink, Du trägst das All und denkst an mich, Die Spiritualität des Kleinen Weges der heiligen Therese von Lisieux, Leutesdorf ²1992, 12.
[321] Durch die personale Gottesbeziehung bricht Therese aus den traditionellen und statischen Vorgaben von Liebe und Ordnung heraus. So wird Gott zu einem Du, der zu allem fähig ist und nicht zu einer Funktion des betenden Ichs. (Vgl. Wolbold, „Alles ist verschwunden". Die Wiederentdeckung der Anrede Gottes

bei Therese, in Internationale Katholische Zeitschrift „Communio" 26 (1997) 356-367, bes. 360-365).
[322] Vgl. Balthasar, Schwestern 118.
[323] Vgl. ebd.
[324] „*Der Liebe Gott flößt keine unerfüllbaren Wünsche ein.*" (SS 214).
[325] Vgl. Combes, Einführung S. 143.
[326] SS 73.
[327] „*Es gibt Gedanken der Seele, die sich nicht in Worte dieser Welt kleiden lassen, ohne ihren heimlichen himmlischen Sinn zu verlieren.*" (SS 73).
[328] „*Es gab keine Forderungen, keine Kämpfe, Opfer; seit langem hatten sich Jesus und die arme kleine Therese angeblickt und verstanden... An diesem Tag aber war es nicht mehr ein Blick, sondern ein Aufgehen ineinander, sie waren nicht mehr zwei, Therese war verschwunden, wie der Wassertropfen im weiten Meer sich verliert. Jesus allein blieb, Er war der Herr, der König. Hatte Therese ihn nicht gebeten, ihr die Freiheit zu nehmen, denn ihre Freiheit ängstigte sie, sie fühlte sich so schwach, so zerbrechlich, dass sie sich für immer mit der Göttlichen Stärke vereinigen wollte!... Ihre Freude war zu groß, zu tief, als dass sie sie zu fassen vermocht hätte, bald überströmten selige Tränen sie.*" (SS 73). Vgl Anm. 47.
[329] Gal 2,20; SS 75.
[330] „*Wie lieblich waren die Gespräche, die wir jeden Abend im Belvedere führten! Den Blick in die Ferne gerichtet, betrachteten wir den bleichen Mond, der langsam hinter den großen Bäumen aufging.*" (SS 102).
[331] „*Ich weiß nicht, ob ich mich täusche, aber mir scheint, dass der Austausch unserer Seelen jenem der hl. Monika mit ihrem Sohne glich, als sie im Hafen von Ostia beim Anblick der Wunder des Schöpfers in Verzückung verloren waren! Mir scheint, dass wir Gnaden von so hohem Range erhielten, wie sie den großen Heiligen zuteil werden. Wie die Nachfolge Christi sagt, teilt sich der Liebe Gott bald im strahlenden Glanz mit, bald 'sanft verhüllt, unter Schatten und Bildern'; (NC3,43) auf diese Weise geruhte Er, sich unseren Seelen kundzutun, aber wie zart und durchsichtig war der Schleier, der Jesus unseren Blicken verbarg! ... Ein Zweifel war nicht möglich, schon waren Glaube und Hoffnung nicht mehr nötig, die Liebe ließ uns Jenen, den wir suchten, auf Erden finden.*" (SS 103).
[332] AP 146; MST 30. Celine kommentiert: „Ja, mit allen unseren Kräften haben wir danach gelebt." (Ebd.).
[333] Vgl. Verehrung des heiligen Antlitzes, I. Teil C3. Das Heilige Antlitz.
[334] SS185f.
[335] Vgl. B 145.
[336] Ein Hinweis auf diese Erkenntnis vor dem 09.06.1895 findet sich nur in dem Gedicht: 'Engel an der Krippe' von 1894.
„*Für mich selbst habe ich sie geschaffen;*
Ich bin es, der das unendliche Sehnen in ihre Herzen gelegt;
Die kleinste Seele, die mich liebt,
wird für mich zum Paradies." (Recreations 2, 6v).

337 Jesus und Gott gebraucht Therese synonym und sind bei ihr identisch.
338 Balthasar, Schwestern 261.
339 *„Von allen Seiten wird sie verkannt, verworfen; die Herzen, an die du sie verschwenden möchtest, kehren sich den Geschöpfen zu und erbetteln von ihrer erbärmlichen Zuneigung das Glück, statt sich in deine Arme zu werfen und deine unendliche Liebe anzunehmen... O mein Gott! soll deine verschmähte Liebe nunmehr in deinem Herzen verbleiben? Fändest du Seelen, die sich deiner Liebe als Ganz-Brandopfer darböten, ich meine, du würdest sie schnell verzehren; mir scheint, du wärest glücklich, die Fluten unendlicher Zärtlichkeit, die in dir sind, nicht länger zurückzudrängen ..."* (SS 186).
340 *„Ja, euer Herz begehre ich, bis zu ihm steig ich herab, die Himmel und die unendliche Glorie wollt` ich um seinetwillen verlassen."* (Recreations 4, 25).
341 *„Ihr habt das Geheimnis verstanden, das mich hierher absteigen ließ, viel lieber als des Himmels Glorie."* (ebd.).
342 *„Er (Gott) will unsere Liebe und bettelt darum."* (B 145).
343 Zitiert nach Stertenbrink, Allein die Liebe. Worte der heiligen Therese von Lisieux, Freiburg-Basel 1980, 19.
344 Hld 4,9.
345 Gedicht 28.
346 *„Wie sollen wir den fürchten, der sich von einem Haar, das um unseren Hals weht, fesseln lässt."* (B 191).
347 Das Leiden ist eine Folge aus der missbrauchten Freiheit, die Gott jedem Menschen aus Liebe ermöglicht.
348 *„Blumen streuend werde ich singen (wie könnte man bei einer so fröhlichen Beschäftigung weinen?); singen werde ich, auch wenn ich meine Blumen mitten aus Dornen pflücken muss, und mein Gesang wird um so wohlklingender sein, je länger und spitzer die Dornen sind.."* (SS 203). *„Es tut dem Lieben Gott ohnehin leid genug, ihm, der uns so liebt, dass er uns auf der Erde prüfen muss, auch ohne dass wir ihm dauernd erzählen, wie schwer es uns fällt. Darum darf man sich`s nicht anmerken lassen, dass man es fühlt. Aus solchem Zartgefühl heraus soll man nicht über Hitze oder Kälte klagen, sich nicht den Schweiß abtrocknen und sich nicht die erfrorenen Hände reiben, oder wenn schon, dann höchstens heimlich, wie um dem Lieben Gott keinen Vorwurf zu machen."* (MST 70). *„Und ich würde gerne die allergrößten Schmerzen ertragen, sogar ohne dass Er davon wüsste, wenn das möglich wäre, nicht um Ihm eine vorübergehende Ehre zu verschaffen – das wäre zu schön! – sondern weil vielleicht dadurch ein Lächeln auf Seinen Lippen erblüht."* (MST 69). *„Wenn ich in den Himmel komme und ich finde dort nicht alles, was ich mir gewünscht habe, werde ich mich wohl hüten, das zu zeigen."* (MST 70f).
349 Balthasar, Schwestern 279.
350 *„Er ist es ja, der uns um dieses Leid, um diese Tränen, bittet ... O, ich versichere Dir, es kommt ihn selber schwer an, uns mit Bitterkeit zu tränken; aber er weiß, es gibt nur dieses eine Mittel, uns darauf vorzubereiten, dass wir ihn erkennen, wie er sich selbst erkennt."* (B 57).

Verweise

[351] „Ich habe noch keine so schreckliche Nacht mitgemacht. O, wie gut muss doch der liebe Gott sein, dass ich das alles aushalten kann, was ich leide." (LG 23.08.1).
[352] B 108.
[353] Balthasar, Schwestern 211.
[354] B 89.
[355] LG 17.07.1.
[356] B 96.
[357] „Die Herzen, an die du sie verschwenden möchtest, kehren sich den Geschöpfen zu und erbetteln von ihrer erbärmlichen Zuneigung das Glück." (SS 186).
[358] Vgl. Combes, Einführung 174.
[359] Das Wesen der Sünde liegt in der Zurückweisung und Verschmähung der Liebe Gottes durch den Menschen. (Vgl. E. Gutting, Therese 28).
[360] SS 186.
[361] Vgl. Combes, Einführung 175.
[362] „Fändest du Seelen, die sich deiner Liebe als Ganz-Brandopfer darböten, ich meine, du würdest sie schnell verzehren; mir scheint, du wärest glücklich, die Fluten unendlicher Zärtlichkeit, die in dir sind, nicht länger zurückzudrängen." (SS 186).
[363] Vgl. J. Ratzinger, Einführung in das Christentum, München 1968, 231.
[364] Vgl. ebd. 235.
[365] Combes, Einführung 176.
[366] „Wenn deine Gerechtigkeit die Neigung hat, sich zu entladen, sie, die sich doch nur auf die Erde erstreckt, wie viel mehr verlangt dann deine erbarmende Liebe danach, die Seelen zu entflammen, weil doch deine Barmherzigkeit sich erhebt bis zum Himmel." (SS 186).
[367] Vgl. Combes, Einführung 194.
[368] „Und ich fühlte mich selbst vom Durst nach Seelen verzehrt." (SS 97).
[369] „Ich hatte das erbetene 'Zeichen' erhalten, und dieses Zeichen war das getreue Abbild von Gnaden, die Jesus mir gewährt hatte, um mich zum Gebet für die Sünder anzuspornen. War nicht angesichts der Wunden Jesu, als ich sein Göttliches Blut fließen sah, der Durst nach Seelen in mein Herz eingedrungen? Ich wollte ihnen dies unbefleckte Blut zu trinken geben, das sie von ihren Makeln reinigen sollte, und die Lippen meines ersten Kindes hatten sich auf die heiligen Wundmale gedrückt! ... Welch unsäglich zarte Antwort! ... Oh! seit dieser einzigartigen Gnade wuchs meine Begierde, Seelen zu retten, jeden Tag, mir war, ich hörte Jesus zu mir sagen wie zur Samariterin: 'Gib mir zu trinken!' - Es war ein wahrer Tauschhandel der Liebe; den Seelen gab ich das Blut Jesu, und Jesus bot ich eben diese vom Göttlichen Tau erquickten Seelen an, so glaubte ich, seinen Durst zu stillen, und je mehr ich ihm zu trinken gab, desto größer wurde der Durst meiner armen kleinen Seele, und diesen brennenden Durst gab er mir als köstlichsten Trank seiner Liebe..." (SS 99). Vgl. H. Mockenhaupt, Ich möchte das Evangelium in allen fünf Weltteilen gleichzeitig verkünden, Die missionarische Gesinnung und das missionarische

Engagement der heiligen Therese von Lisieux, Leutesdorf ³1986, 14. „Gebet ist Opfer, nämlich Aufgabe eines Selbst, das sich in sich selbst und die eigenen Gefühle vergräbt, hin zur reinen Offenheit für das Du Jesu. Und so ist auch Opfer Gebet, nämlich das Erleben, im Ausgehen aus sich selbst immer mehr beim Herrn zu sein." (Wolbold, Geistlich Leben mit Therese von Lisieux, in: Karmel Impulse 6 (1996) 8).

370 Vgl. Leo Scheffczyk, Ich bin gekommen, um Seelen zu retten. Therese von Lisieux und die Heilsaufgabe des Christen, in: Heilsverantwortung bei Therese von Lisieux, Theresienwerk e.V. (Hrsg.) Leutesdorf 1976, 19.

371 Therese lebt mit Gott in einer Vaterbeziehung, und versteht sich als Kind, das alles von ihm erhält, worum es bittet. *„O ja! Er ist doch mein 'Papa', und es ist süß, Ihm diesen Namen zu geben."* (MST 95). Diese Vorstellung, zu dem allmächtigen Gott, Papa zu sagen, hat Therese zutiefst gerührt: *„Eines Tages betrat ich (Celine) die Zelle unserer lieben kleinen Schwester, und ihr Ausdruck tiefster Sammlung ergriff mich. Sie nähte emsig und schien doch in tiefer Kontemplation versunken. 'Woran denken Sie?' fragte ich. 'Ich meditiere über das Vaterunser', erwiderte sie. 'Es ist so süß, den Lieben Gott Vater zu nennen...!' Und in ihren Augen schimmerten Tränen."* (MST 95).

372 Görres 415f.

373 *„Jesus fordert keine großen Taten, sondern nur Hingabe und Dankbarkeit; weil er doch im XLIX. Psalm sagt: 'Ich bedarf nicht der Böcke eurer Herden, denn alle Tiere der Wälder und die Tiere, die zu Tausenden auf den Hügeln weiden, sind mein, ich kenne alle Vögel der Berge. . . Hungerte ich, nicht Euch würde ich es sagen: denn mein ist die Erde und alles, was sie enthält. Soll ich das Fleisch der Stiere essen und das Blut der Böcke trinken?... SCHLACHTET GOTT OPFER DES LOBES und DER DANKSAGUNG.' Das ist alles, was Jesus von uns fordert. Er bedarf unserer Werke nicht, sondern nur unserer Liebe."* (SS 193).

374 „Ich weiß, dass gewisse Seelenführer uns raten, die Tugendakte zu zählen, um in der Vollkommenheit voranzuschreiten. Doch mein Seelenführer, welcher Jesus ist, lehrt mich nicht, meine Akte zu zählen. Er lehrt mich, alles aus Liebe zu tun." (B 142).

375 „Eine Novizin war an einem Feiertag, als es ausnahmsweise einen Nachtisch gab, von der Tischdienerin übergangen worden und machte in Gegenwart der unachtsamen Nachbarin eine Bemerkung über die 'Abtötung', die sie im Speisesaal ohne Klagen hingenommen habe. Therese befahl ihr, sofort zur Küchenschwester zu gehen, ihre Portion nachträglich zu verlangen. Voller Beschämung wehrte sich die andere, aber Therese blieb unerbitterlich: 'das sei ihre Buße. Sie sind die kleinen Opfer nicht wert, die Gott von Ihnen fordert.'" (AP 710).

376 LG 06.08.8.

377 Vgl B 127.

378 Therese hat in 68 Tagen 1949 Tugendakte und Opfer gesammelt. (Vgl. B 11).

Verweise

[379] *„Mir bleibt nichts in den Händen. Alles, was ich habe, alles, was ich verdiene, ist für die Kirche und die Seelen. Und würde ich auch 80 Jahre alt werden, immer würde ich gleich arm bleiben."* (LG 12.07.3).
[380] *„Ich weiß nicht, ob ich ins Fegefeuer komme. Aber das kümmert mich gar nicht. Wenn ich hinein muss, dann werde ich nicht bedauern, einzig an der Rettung der Seelen gearbeitet zu haben."* (LG 04.06.1). *„Nicht einen Strohhalm hätte ich aufheben mögen, um das Fegfeuer zu vermeiden. Alles, was ich getan habe, geschah, um dem lieben Gott Freude zu machen und um Seelen zu retten."* (LG 30.07.3). Therese wäre sogar bereit, im Fegefeuer für andere Menschen zu leiden: *„Wie glücklich wäre ich, wenn ich dadurch andere Seelen erretten könnte, an ihrer Stelle leiden könnte."* (LG 08.07.15).
[381] Vgl. Balthasar, Schwestern 235.
[382] Balthasar, Schwestern 235.
[383] LG 06.08.4.
[384] LG 06.08.8. *„Das Verdienst besteht nicht im vielen Tun und Geben, sondern vielmehr im Empfangen, im vielen Leiden."* (B 142). In der siebten Frage des kleinen Katechismus über die Weihe an die barmherzige Liebe, den die Schwestern von Lisieux nach dem Tod Thereses herausgegeben haben, heißt es: „Es ist unnütz, damit beginnen zu wollen, die Frucht, die wir Gott anbieten wollen, durch Beseitigung der Unreinheiten makellos zu machen. Diese Arbeit wird die Liebe Gottes selbst leisten, unterstützt von unserem guten Willen." (Karmel von Lisieux, Kleiner Katechismus über den Akt der Hingabe der heiligen Theresia vom Kinde Jesus als Ganzbrandopfer an die Barmherzige Liebe des Lieben Gottes, in: Ernst Gutting, Nur die Liebe zählt, Leutesdorf [7]1977, 144).
[385] Vgl Balthasar, Schwestern 247.
[386] B 135.
[387] Vgl. Combes, Einführung S. 158.
[388] 'Bittet den Herrn der Ernte, dass er Arbeiter sende!'(Lk 10,2). *„Warum sagt Jesus das? Warum? ... Ah! Weil Jesus eine so unbegreifliche Liebe zu uns hat, dass er will, wir sollen mit ihm Anteil am Heil der Seelen haben. Er will nichts ohne uns tun. Der Schöpfer des Weltalls wartet auf das Gebet einer armen kleinen Seele, um die anderen Seelen zu retten, die gleich ihr um den Preis seines Blutes erlöst sind. Unsere Berufung ist es nicht, auf die reifen Getreidefelder zur Ernte hinauszugehen. Jesus sagt nicht zu uns: 'Senkt die Augen, betrachtet die Felder und geht hinaus zur Ernte.' Unsere Sendung ist viel erhabener. So heißen die Worte unseres Jesus: 'Erhebt die Augen und schaut.' Schaut, im Himmel sind leere Plätze. An euch ist es, sie zu füllen. Ihr seid meinem Mose gleich, der auf dem Berg betet. Bittet mich um Arbeiter, und ich werde sie schicken. Ich erwarte nur ein Gebet, einen Seufzer eures Herzens. Ist das Apostolat des Gebetes nicht gewissermaßen erhabener als das Apostolat des Wortes? Unsere Sendung als Karmelitinnen ist es, Arbeiter für die Verbreitung des Evangeliums heranzubilden, die Millionen von Seelen retten, denen wir Mütter sein werden."* (B 135). *„Bieten wir unsere Leiden Jesus dar, um Seelen zu retten, arme Seelen!... Sie haben weniger Gnaden als*

wir, und dennoch wurde das ganze Blut eines Gottes vergossen, um sie zu retten... Dennoch möchte Jesus wohl ihr Heil von einem Seufzer unseres Herzens abhängig machen ... Welches Geheimnis! ... Wenn ein Seufzer eine Seele retten kann, was vermögen dann Leiden wie die unseren zu bewirken? ... Verweigern wir Jesus nichts!" (B 85). *„Jesus will nicht, dass wir seine anbetungswürdige Gegenwart in der Ruhe finden. Er verbirgt sich, hüllt sich in Dunkelheit. Der Menge der Juden gegenüber handelte Er nicht auf diese Weise. Denn wir lesen im Evangelium: 'das Volk war hingerissen, sobald er sprach'(Mk 4,9). Jesus zog die schwachen Seelen durch seine göttlichen Worte in den Bann. Er versuchte, sie für den Tag der Prüfung zu stärken... Wie klein aber war die Zahl der Freunde unseres Herrn, als er vor den Richtern schwieg! ...O! welche Melodie ist dieses Schweigen Jesu für mein Herz... Er hält uns wie ein Bettler die Hand hin, damit er am strahlenden Gerichtstag, wenn er in seiner Herrlichkeit erscheinen wird, uns die beglückenden Worte zurufen kann: 'Kommt, ihr gesegneten meines Vaters [...]' (Mt 25,34). Jesus selbst sprach diese Worte, er will unsere Liebe und bettelt darum... Er liefert sich uns sozusagen aus. Er will nichts nehmen, ohne dass wir es ihm anbieten, und das Geringste ist in seinen Augen kostbar."* (B 145).

[389] Vgl. II. Teil .D.2.Missionarische Dimension des Leidens: Die Liebe ist zugleich aktiv und kontemplativ. Es gibt kein Besser und Schlechter, sie bilden eine Einheit, wie Gottes- und Nächstenliebe.

[390] Am Anfang ihres kontemplativen Lebens bestätigt die Erfahrung ihre Erkenntnis. Doch im Kloster vertraut sie auf die Fruchtbarkeit ihres Leben, ohne sie selber zu erleben.

[391] Vgl. SS 97 (Anm. 100).

[392] Schon früh wird das Leiden für Jesus thematisiert. Das erste Mal im Dezember 1887: *„Aber ich fühlte, (mitten in meinem Herzen eine große Ruhe durch Jesus, das Jesuskind) dass ich für Jesus litt, und ich hörte nicht einen Augenblick auf zu hoffen."*(B 38 a). Vgl. auch B 43 b; 85; 94; 173; 190. Ab Mai 1889 leidet auch Therese bewusst für ihren Vater. *„Um ihm* (dem Vater) *große Leiden zu ersparen, will der liebe Gott, dass wir für ihn leiden."* (B 91).

[393] Vgl. Balthasar, Schwestern 297.

[394] Dieses 'Seelen retten' hat konkret die Form des Leidens und Betens. *„Sie wählte diesen Beruf der Karmelitin"* erklärt Celine, *„um mehr zu leiden und dadurch mehr Seelen für Christus zu gewinnen. ... Besonders trat sie in den Karmel ein, um für die Priester zu beten und sich für die Anliegen der Kirche zum Opfer zu bringen."* (MST 123).

[395] *„Sie wissen es, geliebte Mutter, begegneten mir bei meinen ersten Schritten mehr Dornen als Rosen!... Ja, das Leiden streckte seine Arme nach mir aus, und ich warf mich mit Liebe hinein ... Was ich im Karmel tun wollte, erklärte ich zu Füßen Jesu in der Opfergestalt der Hostie bei der Prüfung, die der Profess vorausging: 'Ich bin gekommen, um Seelen zu retten und besonders, um für die Priester zu beten.' Will man ein Ziel erreichen, so muss man die Mittel ergreifen; Jesus ließ mich verstehen, dass Er mir Seelen durch das Kreuz schenken wolle, und die Anziehungskraft des Leidens wuchs für mich im*

Maße, wie das Leiden zunahm. Während 5 Jahren war das mein Weg, nach außen verriet nichts mein Leiden, das um so schmerzhafter war, als ich allein darum wusste." (SS 153f).

[396] Vgl. B 61.

[397] Vgl. *„Nie hätte ich geglaubt, dass man soviel leiden kann, niemals! Das kann ich mir nur durch den brennenden Wunsch erklären, den ich immer hatte, Seelen zu retten."* (LG 30.09). Vgl. dazu: Gaucher, Muß ich auch wandern 116.

[398] Vgl. Johannes Paul II, Die Erlösende Kraft des Leidens, in: OR 18 (1988) 47, 2.

[399] SS 110.

[400] Gal 2,20 vgl. SS 75.

[401] *„Aber mit Ihm (Gott) vereinigt, das bin ich schon vollkommen auf dieser Erde."* (LG 15.05.7). *„Mein Herz ist ganz ausgefüllt vom Willen Gottes"* (LG 14.07.9). *„Immer hat mir das gefallen, was der liebe Gott mir gegeben hat."*(LG 14.07.5). Vgl. auch: LG 27.05.4; 21-26.05.2; 30.08.2; 04.09.7.

[402] Hld 1,4.

[403] Diese apostolische Sicht der 'mystischen Vereinigung' ist so ausgeprägt noch nicht erkannt worden. Vgl. Adelkamp, Jesus 29; „Der Liebesvereinigung der einzelnen Seele, mit ihrem Bräutigam, wird nirgends eine so apostolische Auswirkung zugesprochen." (Combes, Heilandsliebe 150, Anm 18). Die Gottesliebe ist untrennbar mit der Nächstenliebe verbunden. Therese denkt Johannes vom Kreuz weiter. In seiner Auslegung der 25. Strophe des Geistlichen Gesangs, (S. 195ff) fehlt bei der Übersetzung von Hld 1,3 jeder Hinweis auf den Plural. Es scheint, dass Johannes vom Kreuz keine missionarische Dimension damit verbunden hat. Auch Joseph Chalmers und Camilo Maccise sprechen von der Vereinigung von Kontemplation und Mission. (Joseph Chalmers; Camilo Maccise, Therese für uns 174). Weitere Modifikationen der Lehre des Johannes vom Kreuz finden sich in: Frederico Ruiz, Therese und der hl. Johannes vom Kreuz, in: Christliche Innerlichkeit 32 (1997), 90-94, 93f.

[404] B 220.

[405] *„Dieses schlichte Wort: 'Ziehe mich an dich' genügt. Herr, ich begreife es, wenn eine Seele sich vom berauschenden Duft deines Wohlgeruches bannen ließ, kann sie nicht einsam eilen: alle Seelen, die sie liebt, zieht sie hinter sich her; dies geschieht ohne Zwang, ohne Anstrengung, es ist eine natürliche Folge ihres Hingezogenseins zu dir. Wie ein Sturzbach, der sich mit Ungestüm in den Ozean wirft, alles, was ihm unterwegs begegnet, mit sich schwemmt, so, o mein Jesus, zieht die Seele, die in den uferlosen Ozean deiner Liebe eintaucht, alles Kostbare mit sich, das sie besitzt... Herr, du weißt es, ich habe keine anderen Schätze als die Seelen, die es dir gefallen hat, der meinigen zu einen."* (SS 270).

[406] Vgl. Combes, Einführung 116.

[407] B 43b.

[408] SS 280.

[409] „Ich bringe dir ferner dar alle Verdienste der Heiligen, derer im Himmel und derer auf Erden, ihre Liebesakte und die der Heiligen Engel; endlich biete ich dir an, o glückselige Dreifaltigkeit! die Liebe und die Verdienste der Heiligen Jungfrau, meiner geliebten Mutter, ihr überlasse ich meine Opfergabe mit der Bitte, sie dir vorzustellen." (SS 280).

[410] „O mein Jesus! ich liebe dich, ich liebe die Kirche, meine Mutter, und ich erinnere mich, dass die geringste Regung REINER LIEBE ihr mehr nützt als alle anderen Werke zusammengenommen." (SS 203f).

[411] SS 186f.

[412] Vgl. Stertenbrink, Liebe; 87; Combes, Die Heilige des Atomzeitalters. Therese von Lisieux, Wien 1956, 120.

[413] „Darum kann ich das Fegfeuer nicht fürchten ... Ich weiß, ich von mir aus verdiene nicht einmal, in diesen Ort der Sühne einzugehen, da nur die heiligen Seelen zu ihm Zutritt haben können; ich weiß aber auch, dass das Feuer der Liebe heiligender ist als das des Fegfeuers; ich weiß, dass Jesus nicht wünschen kann, uns unnötige Leiden aufzuerlegen, und dass Er mir nicht das Verlangen eingäbe, das ich fühle, wollte Er es nicht stillen." (SS 187).

[414] Vgl. Balthasar, Schwestern 254. „Todesangst, um meine Sünden abzubüßen...? Das hätte nicht mehr Kraft als schlammiges Wasser! Doch wenn ich sie bekomme, diese Angst, dann werde ich sie dem lieben Gott anbieten für die Sünder, und weil es ein Akt der Liebe ist, wird dieses Leiden für viele weit mehr Kraft haben als Wasser. Aber mich, mich reinigt nur das Feuer der göttlichen Liebe." (MST 201).

[415] Balthasar, Schwestern 254.

[416] LG zitiert nach Balthasar, Schwestern 255. „Die kleinen Kinder, die werden nicht verdammt." (LG 10.07.1); Vgl. B 56, 145, MST 55.

[417] Balthasar, Schwestern 255.

[418] B 96.

[419] Vgl. Combes, Einführung 223.

[420] „O mein Gott! Glückselige Dreifaltigkeit, ich verlange danach, dich zu lieben und dahin zu wirken, dass du geliebt wirst, an der Verherrlichung der Heiligen Kirche zu arbeiten, indem ich die Seelen rette, die auf Erden sind, und jene befreie, die im Fegfeuer leiden." (SS 280).

[421] SS 200f.

[422] Balthasar, Schwestern 194f.

[423] Therese hatte sich immer einen Priesterbruder gewünscht, doch alle Brüder sind als Kinder verstorben. Im Oktober 1895 bittet ein Seminarist, Maurice Belliere, den Karmel von Lisieux um eine 'Patenschwester', die ihn durch Gebet und Opfer beistehen sollte. Mutter Agnes bestimmt Therese zu diesem Dienst. Therese ist überglücklich und sieht darin die Erfüllung ihres Wunsches. „Seit Jahren hatte ich kein derartiges Glück mehr verkostet. Ich fühlte, in diesem Bereich war meine Seele neu, es war, als hätte man zum ersten Mal bisher vergessene Saiten berührt." (SS 266). Im Mai 1896 bekommt Therese sogar einen zweiten Bruder, Adolphe Roulland, der am 28. Juni desselben Jahres zum Priester geweiht werden soll.

424 „Ich erklärte Ihnen, vielgeliebte Mutter, ich hätte meine armseligen Verdienste bereits für einen künftigen Apostel angeboten und glaubte deshalb, es nicht noch nach der Meinung eines anderen tun zu können, im übrigen gäbe es viele bessere Schwestern als mich, die seinem Wunsche entsprechen könnten. Alle meine Einwände waren umsonst. Sie antworteten mir, man könne mehrere Brüder haben. Da fragte ich Sie, ob der Gehorsam meine Verdienste nicht verdoppeln könne. Sie bejahten es und sagten mir dabei verschiedene Dinge, die mir klarmachten, dass ich ohne Bedenken einen weiteren Bruder annehmen sollte." (SS 268f).

425 „O meine Mutter! wie schön ist doch die Berufung, die zum Ziel hat, das für die Seelen bestimmte Salz zu bewahren! Das ist ja die Berufung des Karmel, denn unsere Gebete und Opfer haben zum einzigen Ziel, Apostel der Apostel zu sein, für sie zu beten, während sie durch ihr Wort und vor allem ihr Beispiel die Seelen für das Evangelium gewinnen... Ich muss innehalten, denn wenn ich fortfahre, über diesen Gegenstand zu reden, ich fände kein Ende !" (SS 122).

426 Therese gebraucht die Begriffe wie Gebet und Opfer oft in einem Atemzug. Vgl. B 94, 213; LG 08.07.16.

427 SS 273.

428 „Gewiss sitzt sie wie die hl. Magdalena zu Füßen Jesu, sie lauscht seinem süßen, feurigen Wort. Sie scheint nichts zu geben und gibt doch viel mehr als Martha, die sich um viele Dinge plagt und möchte, dass ihre Schwester es ihr gleich täte." (SS 273f).

429 „Nicht die Arbeiten Marthas sind es, die Jesus tadelt, diesen Arbeiten hat sich seine göttliche Mutter ihr ganzes Leben lang demütig unterzogen, da sie die Mahlzeiten der hl. Familie zubereiten musste. Einzig die Unrast seiner eifrigen Gastgeberin wollte Jesus zurechtweisen. Alle Heiligen haben das begriffen und eindringlicher noch vielleicht jene, die das Weltall mit der Erleuchtung der evangelischen Lehre erfüllten. Ein Paulus, Augustinus, Johannes vom Kreuz, Thomas von Aquin, Franziskus, Dominikus und so viele andere erlauchte Freunde Gottes, schöpften sie nicht alle ihre Göttliche Erkenntnis, welche die größten Geister entzückt, aus dem Gebet?" (SS 274).

430 SS 273.

431 SS 274.

432 „Ich rechne damit, im Himmel nicht untätig zu bleiben. Mein Wunsch ist, weiter für die Kirche und die Seelen zu arbeiten." (B 254). Therese vereint in ihrer Person die Kooperation zwischen himmlischer und irdischer Kirche. (Vgl. Ulrich Wickert, „Ich will meinen Himmel damit verbringen, auf Erden Gutes zu tun." Die Vergegenwärtigung der rettenden Christustat durch Therese von Lisieux, in Heilsverantwortung bei Therese von Lisieux, Theresienwerk e.V. (Hrsg.) Leutesdorf 1976, 42).

433 LG 13.07.17.

434 Vgl. B 254.

435 Vgl. Balthasar, Schwestern 182.

436 Vgl. ebd.

437 Vgl. ebd.

[438] „Das Ordensleben erschien ihr vor allem als ein Mittel, Seelen zu retten. Sie dachte daher sogar daran Klosterfrau in den auswärtigen Missionen zu werden; aber die Hoffnung, mehr Seelen durch Buße und Opfer retten zu können, brachte sie zum Entschluss, sich im Karmel einzuschließen. Sie vertraute mir den Grund dieser Entscheidung an: durch mehr Leiden wollte sie mehr Seelen für Jesus gewinnen." (Petitot, Sainte Therese de Lisieux Paris ^{27}1925, 126f; zitiert nach Balthasar, Schwestern 185).

[439] Balthasar, Schwestern 186. Die Erlösung Jesu ist Frucht der Passion, nicht der Aktion.

[440] Vgl. Balthasar, Schwestern 186.

[441] Antike Vorstellung.

[442] Scholastische Vorstellung.

[443] Vgl. Balthasar, Schwestern 187.

[444] *„Deine Braut sein, o Jesus, Karmelitin sein, durch meine Vereinigung mit dir Mutter der Seelen sein."* (SS 197).

[445] Vgl. B 226.

[446] Johannes Paul II, Mission und Gebet als Einheit von Wort und Tat, Botschaft zum Weltmissionssonntag am 19.10.1997, in: OR 27 (1997) 23, 8. Die missionarische Dimension Thereses kommt auch in folgenden lehramtlichen Äußerungen zum Vorschein: Pius XII., Wir haben uns väterlich gefreut, Botschaft zum Nationalkongress anlässlich des 50. Todestages der hl. Therese von Lisieux, in: Christliche Innerlichkeit, 32 (1997) 134-136, Paul VI., Therese vom Kinde Jesus und die geistlichen Erfordernisse unserer Zeit, in Christliche Innerlichkeit, 32 (1997), 137-139, Johannes Paul II., Der Geist der Kindschaft, Predigt in Lisieux vom 2. Juni 1980, in: AAS 72 (1980) 752-755; zum persönlichen Verhältnis zwischen Johannes Paul II. und Therese vgl. den Aufsatz: Thomas Schmitt, Johannes Paul II. und Therese von Lisieux 330-337.

[447] Balthasar, Schwestern 190 *„Darum wage ich es, mit den Worten zu reden, die du an den Himmlischen Vater gerichtet hast, am letzten Abend, der dich noch sterblich und pilgernd auf Erden erblickte. Jesus, mein Viel-Geliebter, ich weiß nicht, wann meine Verbannung enden wird ... an manchem Abend werde ich wohl noch in der Verbannung deine Erbarmungen besingen, aber endlich wird auch für mich der letzte Abend kommen; dann möchte ich dir sagen können, o mein Gott: «Ich habe dich auf Erden verherrlicht; ich habe das Werk vollendet, das zu vollbringen du mir aufgetragen hast; ich habe deinen Namen kundgetan denen, die du mir gegeben hast: sie waren dein, und du hast sie mir geschenkt. Jetzt erkennen sie, dass alles, was du mir gegeben hast, von dir stammt; denn ich habe ihnen die Worte mitgeteilt, die du mir mitgeteilt hast, sie haben sie aufgenommen und haben geglaubt, da du es bist, der mich gesandt hat. Ich bitte für die, die du mir gegeben hast, weil sie dein sind. Ich bin nicht mehr in der Welt; sie aber sind noch in ihr, und ich kehre zu dir zurück. Heiliger Vater, um deines Namen willen bewahre die, die du mir gegeben hast. Ich gehe jetzt zu dir, und damit die Freude, die von dir kommt, vollkommen sei in ihnen, sage ich dies, solange ich in der Welt bin. Ich bitte dich nicht, sie aus der Welt wegzunehmen, sondern sie vor dem Bösen zu*

bewahren. Sie sind nicht von der Welt, wie auch ich nicht von der Welt bin. Nicht allein für sie bitte ich, sondern auch noch für jene, die auf das hin, was sie diese sagen hören, an dich glauben. Mein Vater, ich wünsche, dass wo ich sein werde, auch diese mit mir seien, die du mir gegeben hast, und dass die Welt erkenne, dass du sie geliebt hast, so wie du mich selber geliebt hast" (SS 270f).

[448] Vgl. Balthasar, Schwestern 190. „Ein Gelehrter hat gesagt: 'Gebt mir einen Hebel, einen Stützpunkt, und ich werde die Welt aus den Angeln heben.' Was Archimedes nicht erreichen konnte, weil seine Forderung sich nicht an Gott richtete und nur das Stoffliche betraf, das erlangten die Heiligen in seiner ganzen Fülle. Der Allmächtige gab ihnen als Stützpunkt: GOTT SELBST und GOTT ALLEIN; als Hebel: Das Gebet, das mit einem Liebesfeuer entflammt, und auf diese Art haben sie die Welt aus den Angeln gehoben; und auf diese Art heben die heute streitenden Heiligen sie aus den Angeln, und bis zum Ende der Welt werden es die künftigen Heiligen ebenfalls tun." (SS 274).

[449] „Ich bitte Jesus, mich in die Flammen seiner Liebe hineinzuziehen, mich so innig mit Ihm zu vereinen, dass Er in mir lebe und wirke. Ich fühl' es, je mehr das Feuer der Liebe mein Herz durchglüht, je mehr ich zu sagen vermag: Ziehe mich an dich, um so mehr werden auch die Seelen, die sich mir nahen werden (einem armseligen, unnützen Stückchen Eisen, sobald ich mich vom göttlichen Glutofen entfernte), mit Geschwindigkeit dem Duft der Wohlgerüche ihres Viel-Geliebten nacheilen." (SS 273).

[450] „Je weiter wir im Leben voranschreiten, desto mehr lieben wir Jesus, und weil wir uns in ihm lieben, wird unsere Zuneigung so stark, dass zwischen unseren Seelen mehr Einheit als Einigung herrscht." (B 196).

[451] Vgl. Soteriologische Dimension.

[452] Balthasar, Schwestern 195.

[453] „Im Himmel wird es keine gleichgültigen Blicke geben; denn alle Auserwählten werden erkennen, dass sie einander die Gnaden verdanken, die ihnen die Krone verdient haben." (LG 15.07.5). „Die Kirchenlehrer lehrten uns, dass im Himmel die Liebe, die alle Erwählten miteinander vereint, so groß ist, dass jeder sich am Glück des anderen so erfreut, als habe er selbst es verdient." (MST 75).

[454] „Wie wird es erst im Himmel sein, wenn die Seelen jene kennenlernen werden, von denen sie gerettet worden sind?!" (LG 23.08.6).

[455] LG 11.07.4.

[456] LG 11.07.3.

[457] „Alle da droben sind meine Blutsverwandten! Mit den Jungfrauen werden wir Jungfrauen sein, mit den Lehrern wie Lehrern, mit den Märtyrern wie Märtyrer, weil alle Heiligen unsere Verwandten sind." (LG 13.07.12).

[458] „Nun, auf diese geistliche Weise habe ich mich den Aposteln vereint, die mir Jesus zu Brüdern gegeben hat: alles, was mein ist, gehört auch jedem von ihnen, ich fühle wohl, dass der liebe Gott zu liebevoll ist, um abteilen zu wollen, Er ist so reich, dass Er ohne Maß alles gibt, worum ich ihn bitte." (SS 269).

459 Lk 19,31 *„Ja Herr, das ist es, was ich dir nachsprechen möchte, bevor ich in deine Arme einfliege. Es ist vielleicht Vermessenheit? Doch nein, seit langem hast du mir erlaubt, dir gegenüber kühn zu sein. Wie der Vater des verlorenen Sohnes zu seinem Ältesten, so sprachst du zu mir: 'ALLES, was mein ist, ist dein.' Deine Worte, o Jesus, sind also mein, und ich kann mich ihrer bedienen, um auf die Seelen, welche eins sind mit mir, die Gunsterweise des Himmlischen Vaters herabzuziehen."* (SS 271). *„Alle Schätze des Lieben Gottes gehören mir, und Er selbst wird mein Gut sein."* (B 216).

460 *„Und oft sind die Gnaden und Erleuchtungen, die wir erhalten, einer verborgenen Seele zu verdanken. Denn der liebe Gott will, dass die Heiligen einander gegenseitig die Gnaden mitteilen, durch das Gebet, damit sie einst im Himmel mit großer Liebe leben, einer Liebe, die viel größer ist als die Liebe der Familie, selbst der idealsten Familie auf Erden. [...] Ein ganz kleiner Funke könnte große Lichter in der Kirche anzünden, wie Lehrer, Märtyrer."* (LG 15.07.5).

461 *„Wie oft habe ich gedacht, dass ich vielleicht alle Gnaden, die ich empfangen habe, dem Gebet einer Seele verdanke, die mich vom lieben Gott erbetet hat und die ich erst im Himmel kennenlernen werde."* (LG 15.07.5).

462 *„Was aber sollen Dir, Jesus, meine Blumen und meine Lieder?... Oh! ich weiß, dieser duftende Regen, diese hinfälligen Blütenblätter von keinerlei Wert, diese Liebesgesänge des kleinsten aller Herzen werden dich erfreuen; ja, diese Nichtigkeiten werden dir Freude bereiten; sie werden der Triumphierenden Kirche ein Lächeln abgewinnen. Sie wird meine aus Liebe entblätterten Blüten sammeln und sie durch deine Göttlichen Hände gehen lassen, o Jesus; diese Kirche im Himmel wird mit ihrem kleinen Kinde spielen wollen und wird auch ihrerseits diese Blüten hinwerfen, die durch deine göttliche Berührung unendlichen Wert erhalten haben; sie wird sie auf die leidende Kirche werfen, um deren Flammen zu löschen; sie wird sie auf die kämpfende Kirche werfen, um sie den Sieg erringen zu lassen!"* (SS 203).

463 Vgl. Wolbold, Therese 185.

464 Vgl. Balthasar, Schwestern, 67. *„Wie unglücklich wäre ich im Himmel, dürfte ich denen auf Erden, die ich liebe, nicht kleine Freuden machen."* (LG 29.06.2).

465 *„Auch nach meinem Tod möchte ich Seelen retten."* (B 221). *„Ich rechne bestimmt damit, im Himmel nicht untätig zu bleiben. Mein Wunsch ist, weiter für die Kirche und die Seelen zu arbeiten. Ich bitte den lieben Gott darum, und ich bin sicher, dass er mich erhören wird. Sind die Engel nicht immerfort um uns bemüht, ohne je aufzuhören, das göttliche Antlitz zu schauen, sich im uferlosen Ozean der Liebe zu verlieren? Warum sollte Jesus mir nicht erlauben, es ihnen gleich zu tun?"* (B 254). *„Ich will meinen Himmel damit verbringen, auf Erden Gutes zu tun."* (LG 17.07).

466 Vgl. Balthasar, Schwestern 68.

467 LG zitiert nach Balthasar, Schwestern 200. *"Welch ein Geheimnis! Durch unsere kleinen Tugenden, durch unsere Liebe, im Dunkel geübt, bekehren wir aus der Ferne Seelen ... helfen wir den Missionaren ... und am letzten Tag wird*

Verweise

     man vielleicht sogar sagen, dass wir Jesus sichtbare Wohnstätten erbaut und Seine Wege bereitet haben..." (MST 110). „*Ich fühle, der Liebe Gott will, dass ich leide. Die Mittel, die mir gut tun sollten und die andere Kranke erleichtern, bekommen mir nur schlecht.*" (LG 17.08.1). Kurz vor ihrem Tod sagt Therese noch: „*Heute um ein Uhr dachte ich mir: Jetzt werden die Schwestern in der Waschküche recht müde sein. Ich bat daher den Lieben Gott, sie zu erquicken, damit die Arbeit in Frieden und Eintracht vor sich gehe. Und da mir es gerade so übel ging, war ich froh darüber, dass ich so wie sie zu leiden hatte.*" (LG 27.07.4). Im Todeskampf bemerkt sie: „*Es geht etwas Geheimnisvolles in mir vor; ich leide, nicht für mich, sondern für eine andere Seele ... und der Teufel will das nicht.*" (LG 16.08.1 mit Celine).

[468] Vgl. Balthasar, Schwestern 201.
[469] Grialou, Ich will Gott schauen 1000.
[470] Vgl. Johannes Paul II. Die Schule des Evangeliums eröffnet den Weg zu christlicher Reife. Theresia vom Kinde Jesus wird am 19. Oktober als dritte Frau zur Kirchenlehrerin erhoben (Angelus am 24.08.1997), in: OR 27 (1997) 35, 1.
[471] Vgl. Merklein, Die Jesusgeschichte – synoptisch gelesen, Stuttgart 1995, 137-147. Gnilka, Das Evangelium nach Markus (Evangelisch-Katholischer Kommentar zum NT II), 2 Bde., Zürich – Neukirchen-Vluyn ³1989, Exkurs Messiasgeheimnis 167-170. Die christologische Erkenntnis ist keine Einsicht, sondern Praxis. Die Hoheit Jesu ist nur im Zusammenhang mit dem Leiden zu verstehen. Indem man in die Leidensnachfolge Christi eintritt, versteht man erst Jesus als den Christus richtig.
[472] „*Ich habe noch keine so schreckliche Nacht mitgemacht. Oh, wie gut muß doch der liebe Gott sein, dass ich das alles aushalten kann, was ich leide.*" (LG 23.08.1).
[473] Vgl. Conrad de Meester, Auf dem Weg mit Therese, in: Gegenwart Gottes Nr. 16, 52.
[474] Der Katholische Erwachsenen-Katechismus sieht im Weihegebet der hl. Therese an die Barmherzige Liebe eine große sachliche Nähe im konfessionellen Rechtfertigungsstreit trotz unterschiedlicher dogmatischer Formulierungen. (Vgl. Katholischer Erwachsenen-Katechismus, Das Glaubensbekenntnis der Kirche, hrsg. von der Deutschen Bischofskonferenz, Kevelaer 1985, 245). Für viele Moslems ist Therese „die gesandte Gottes". (Arcangel OCD, Die heilige Therese in Ägypten, in Christliche Innerlichkeit, 32 (1997) 142f).
[475] Vgl. Balthasar Schwestern 11.
[476] Schneider, Krisis 256.
[477] Eva-Maria Faber, „Das verborgene Antlitz", 294.
[478] Vgl. ebd. 257.
[479] Vgl. Schneider, Krisis 227.
[480] Der Beweis dafür ist auch die Erhebung zur Kirchenlehrerin am 19.10.1997.
[481] Drewermann, Kleriker. Psychogramm eines Ideals, Olten - Freiburg ⁴1989, 176.

[482] Vgl. ebd. 781, Anm 19. W. Nigg, Große Heilige, Zürich 1986, 458-525; I.F. Görres, Das Verborgene Antlitz.
[483] K.H. Menke, Stellvertretung. Schlüsselbegriff christlichen Lebens und theologische Grundkategorie, Einsiedeln-Freiburg 1991, 400. Vgl. Balthasar, Verbum Caro. Skizzen zur Theologie I, Einsiedeln 1960, 126; ders. Schwestern im Geist 85.
[484] LG 10.06; vgl. auch: LG 14.07.3; 14.07.9.
[485] Vgl. Menke, Stellvertretung 433.
[486] Ebd.
[487] Vgl. Drewermann „An ihren Früchten sollt ihr sie erkennen." Antwort auf Rudolf Peschs und Gerhard Lohfinks „Tiefenpsychologie und keine Exegese", Olten - Freiburg 1988, 60f.
[488] Vgl. Lk 17,33. Vgl. Drewermann, Kleriker 673f.
[489] Six, Licht in der Nacht 178.
[490] Menke, Stellvertretung 434.
[491] Vgl. ebd. 435.
[492] Edith Stein, Selbstbildnis in Briefen. Erster Teil 1916-1934, in: Edith Steins Werke 8, Freiburg 1976, 133. Vgl. hierzu: Virginia Raquel Azcuy, „Etwas Größeres kenne ich nicht". So denkt Edith Stein über Therese von Lisieux, in Christliche Innerlichkeit 32 (1997) 95-99, 96.
[493] Balthasar, Glaubhaft ist nur die Liebe, Einsiedeln ^{4}1975, 7. Den positiven Einfluss, den Therese auf Theologie und Philosophie ausüben kann, ist nicht zu unterschätzen. Zu nennen sind Balthasar und Wust. Zu den Einflüssen und Inspirationen von Therese auf Baltasar vgl. Virginia Azcuy, Therese als „gelebte Theologie" nach Hans Urs von Balthasar, in: Internationale Katholische Zeitschrift „Communio" 26 (1997) 298-310. bes. Anm 22. 18 Mal zitiert Balthasar Therese in seiner Trilogie. Zu Peter Wust vgl. Alexander Lohmer, Naivität und Piätät, Weisheit und Heiligkeit. Elemente theresianischer Spiritualität in Werk und Denken Peter Wusts, in: Internationale Katholische Zeitschrift „Communio" 26 (1997) 311-324.